DJ鉄ぶらブックス015

昭和の終着駅

東北篇

〜 写真に辿る鉄道の原風景 〜

安田就視 著

日中線・熱塩駅　昭和57年4月26日

昭和の終着駅 東北篇 ● もくじ

青森県 》》

路線	駅	ページ
国鉄大畑線	大畑駅	4
国鉄大湊線	大湊駅	8
国鉄東北本線・奥羽本線	青森駅	12
南部縦貫鉄道	七戸駅	16
十和田観光電鉄	十和田市駅	20
国鉄津軽線	三厩駅	24
津軽鉄道	津軽中里駅	28
国鉄黒石線	黒石駅	32
弘南鉄道弘南線・大鰐線	弘南黒石駅／大鰐駅	36

岩手県 》》

路線	駅	ページ
国鉄八戸線	久慈駅	40
国鉄久慈線	普代駅	44
国鉄岩泉線	岩泉駅	48
国鉄宮古線	田老駅	52
国鉄釜石線・山田線	釜石駅	56
国鉄盛線	吉浜駅	60
岩手開発鉄道日頃市線	岩手石橋駅	64

秋田県 》》

路線	駅	ページ
同和鉱業小坂線	小坂駅	68
同和鉱業花岡線	花岡駅	72
国鉄阿仁合線	比立内駅	76
国鉄角館線	松葉駅	80
国鉄男鹿線	男鹿駅	84
国鉄矢島線	羽後矢島駅	88

宮城県 》》

路線	駅	ページ
栗原電鉄	細倉駅	92
国鉄石巻線	女川駅	96
国鉄気仙沼線	本吉駅	100
国鉄東北本線利府支線	利府駅	104
国鉄丸森線	丸森駅	108

山形県 》》

国鉄左沢線	左沢駅 …… 112
山形交通三山線	間沢駅 …… 116
国鉄長井線	荒砥駅 …… 120
庄内交通湯野浜線	湯野浜温泉駅 ‥ 124
山形交通高畠線	高畠駅 …… 128

福島県 》》

国鉄日中線	熱塩駅 …… 132
福島交通飯坂線	飯坂温泉駅 ‥ 136
国鉄会津線	会津滝ノ原駅 ‥ 140

● 本書について ●

昭和40年代の公共交通の主役は鉄道だった。殊に道路が未整備だったり他の交通手段に乏しい地方では、鉄道は人々の移動と物流を一手に担う動脈であり、地域を支えるライフラインでもあった。そして、こうした人々の生活に密着していた鉄道路線を象徴するのが、『終着駅』だった。

本書ではそんな『終着駅』の1コマを、紀行写真の大家、安田就視氏が記録し続けてきた貴重なカラー写真とともに紐解き、現在に至る、もしくは過去確かに存在した終着駅をひととき今に蘇らせ、その周囲にあった人々の暮らしに思いを馳せる一助として企画した。
(本文:石川純久)

路線名および駅名は、撮影当時のものを表記しています。
現在の路線名・駅名とは表記が異なる場合があります。

丸森線・丸森駅【昭和48年9月30日】

大畑駅
おおはた

国鉄 大畑線

ACCESS
青森県むつ市大字関根字北川代
下北交通大畑出張所　駅舎・ホーム・車両など現存
路線バス：下北駅 ➡ 大畑（下北交通）
駅レンタカー：下北駅から約35分
　　　　　　　七戸十和田駅から約1時間50分

かつて本州最北の駅だった下北半島のローカル終着駅

　大畑駅は、青森県むつ市の下北駅で大湊線から分岐して当駅までの18.0キロを結んでいた、国鉄およびのちに下北交通大畑線の終着駅。2001（平成13）年に下北交通大畑線が廃止されたことにともない、同年4月1日に大畑駅も廃駅となった。

　大畑線は元々国鉄が運行した路線で、1939（昭和14）年12月6日に下北～大畑間が開通。大畑駅が開業した。計画では大畑線はさらに北上し、津軽海峡を望む大間まで延伸される予定で、建設工事も進められていたが、第二次世界大戦の戦局悪化によって工事は中止され未成線に終わった。

　大畑線は津軽海峡沿岸の漁港からの海産物や木材の輸送などで戦後しばらくは活況を呈したが次第に減少。1979（昭和54）年に貨物営業を廃止した。旅客数も減少し、1981（昭和56）年には第1次特定地方交通線として廃止が承認された。廃止決定当初は、バス転換が計画されたが、地元を基盤とするバス会社「下北バス」が引き受けを表明。社名も「下北交通」に改称し、1985（昭和60）年の国鉄大畑線廃止とともに下北交通大畑線が発足した。しかしその後も厳しい経営状況が続き、車両や施設の老朽化もあって、2001（平成13）年4月1日に大畑線は廃止。大畑駅も廃駅となった。

　下北交通は大畑線承継以前に鉄道経営の経験はなく、路線や車両の保守管理や経営に関しては、東京の京浜急行電鉄の指導を受けたという。

　廃止当時の大畑駅は単式1面1線のホームを有し、留置線や車庫なども有していた。駅舎は線路の北側（海側）に位置し、駅舎を背にして右手（大間方向）が終端となっていた。大畑駅は、営業当時は「本州最北端の駅」という木製の看板が掲げられていたが、大畑線廃止後はその地位を大湊線の下北駅に譲った。

　下北交通大畑駅廃止後、駅舎はバス待合所兼バス出札窓口に転換され、現在も使用されている。ホームや線路、車庫、車両などは「大畑線キハ85動態保存会」の手によって保存されていて、毎年5～10月の第3日曜日にはキハ85形気動車（旧国鉄キハ22形）の運転会が開催されている。

国鉄から下北交通へ承継した大畑線。車庫で休む在籍3両のうち2両のキハ85（元国鉄キハ22）。
[平成4年11月29日]

色とりどりの花に埋もれて、はるか東京起点768.1kmと書かれた木製看板。[昭和54年10月27日]

キハ22＋キハユニ26が発車を待っている。左のご婦人はホームからどうやって来たのだろうか。
[昭和54年10月27日]

国鉄 大湊線

大湊駅
（おおみなと）

古くから軍港として栄え恐山信仰の玄関口でもある駅

　大湊線は、第三セクター鉄道青い森鉄道野辺地駅から下北半島西岸の陸奥湾沿いに北上し、当駅までを結ぶ全長58.4キロのローカル線。その終着駅が大湊駅となる。

　大湊線は1921（大正10）年3月に「大湊軽便線」として野辺地〜陸奥横浜間が開業。同年9月には大湊駅までの全線が延伸開通し、大湊駅が開業した。1938（昭和13）年には大畑線が開業し、大湊駅のひとつ手前の下北駅が分岐駅として開業した。現在ＪＲの大湊線には「はまなすベイライン大湊線」という愛称が付けられている。

　大湊線の起点駅である野辺地駅は東北本線に所属していたが、東北新幹線の八戸〜新青森間の延伸開業にともない、2010（平成22）年12月4日、八戸〜青森の区間は並行在来線として第三セクター鉄道の「青い森鉄道」に移管された。このため大湊線は他のＪＲ東日本線と接続していない飛び地路線となった。大湊以外のＪＲ線各駅と大湊線各駅間の運賃は、ＪＲ線の合算距離に応じた運賃に青い森鉄道の乗車区間運賃を加えたものになる。

　また、『青春18きっぷ』で大湊線を利用する場合、青い森鉄道の青森〜八戸間を通過利用できる特例が認められている（野辺地駅以外での途中下車は不可）ため、別途運賃を支払わずに大湊線の列車に乗車することができる。

　大湊駅は頭端式ホーム2面2線を有する地上駅で、かつては港湾方面への引込み線や貨物側線なども敷設されていたが、現在は夜間帯泊用の留置線のみが残されて、他の側線は撤去されている。駅舎は終端方に向かって右側（山側）にあり、駅舎内には『みどりの窓口』が営業しており、自動券売機も設置されている。

　大湊駅の駅玄関には「てっぺんの終着駅」という看板が掲げられている。これは、緯度においてひとつ手前の下北駅よりわずかに南に位置するため、「最北端」の呼称を名乗ることができないためである。

　大湊駅が所在するむつ市大湊地区は、下北半島最高峰釜臥山（標高878m）の麓に位置し、駅の南には大湊港があり、陸奥湾の豊かな水産資源の水揚げ拠点となっている。大湊港はかつて原子力船むつの母港でもあった。また駅南西の芦崎湾には自衛隊の基地（海上自衛隊大湊地方総監部）が置かれ、釜臥山の山頂には航空自衛隊のレーダーサイトも見える。

　釜臥山の北側には、イタコで有名な霊場、恐山菩提寺や宇曽利湖があり、大湊駅は恐山への参拝や観光のベースともなっている。

恐山山地の最高峰「釜臥山」が駅の背後にそびえ立つ。[昭和54年10月2日]

駅前には弘南バスが待っていた。[昭和48年10月2日]

2面3線のホーム後方に見える機関庫には、かつてC11形が3機配属されていた。[昭和54年10月27日]

国鉄 東北本線 奥羽本線 青森駅（あおもり）

青函連絡船の本州の玄関口として人々が往き来したターミナル駅

　青森駅は1891（明治24）年9月1日に開業した。日本初の私鉄である日本鉄道により、のちの東北本線となる路線が1882（明治15）年の着工から足かけ10年の歳月をかけて、盛岡駅〜青森駅の区間が開業したことによる。これにより上野と青森が1本の線路で結ばれることになった。

　開業当初の青森駅の玄関は、現在よりも海寄りの安方通り側に設けられていたが、1906（明治39）年に駅舎を改築し、駅玄関が現在の駅前通（新町通）側に移設された。

　同年11月11日に日本鉄道は国有化され、青森駅は国鉄の駅となった。1908（明治41）年3月7日には青函連絡船の運航が開始され、青森駅は北海道と本州を結ぶ連絡航路の本州側玄関口の駅として賑わった。

　戦後の1948（昭和23）年には西口が開設され、東西どちら側からも青森駅を利用できるようになった。

　現在の（東口）駅舎は、1959（昭和34）年に竣工したもの。駅構造は島式ホーム3面6線を有する地上駅で、東側（駅舎本屋側）から順にのりば番線の数字が振られている。かつて東北本線の列車が発着していた1・2番線は第三セクター鉄道の青い森鉄道が、2〜6番線を奥羽本線がそれぞれ使用しており、4番線と6番線には津軽線の列車も発着する。各番線の終端側は北（埠頭）に向けて延び、最終的に1線に収束する。これは青函連絡船時代の名残ともいえるが、現在は列車の引上げ線、機回し線として使用されている。かつて東北本線が発着していた時代以前は、西側から順に線路番線が付けられのりば番線と不一致が生じていたが、現在は解消している。

　青森駅には南北2つの跨線橋が架けられているが、北側のものは元々青函連絡船との乗換え用として使用されていたもので、連絡船廃止後は使用が中止されていたが、駅ホームとの連絡用階段を閉鎖し、現在は駅の東西をつなぐ自由通路「青い海公園連絡橋」として活用されている。そのような経緯のため、現在青森駅の東西改札口と各ホームを連絡する通路は南口の跨線橋のみとなっている。

　1988（昭和63）年3月13日の青函連絡船廃止以降も、青森駅は函館をはじめとする北海道各方面への列車が発着し、本州側の北海道への玄関駅としての役割を担った。しかし2002（平成14）年に東北新幹線の八戸〜新青森間が延伸開業すると、本州〜北海道の連絡列車は新青森駅を発着・経由するようになり、「本州側の北の玄関口」という開業以来の青森駅の役割は徐々にその方向性を変えつつある。

ライトに照らされた雪の駅前広場。雪を踏む音だけが静かに響く。[昭和49年2月10日]

発車を待つ「いなほ2号」と「はつかり2号」。8時15分同時発のどちらも上野行。[昭和49年2月11日]

広い操車場内に昼は「はつかり」、夜は「はくつる」「ゆうづる」と、昼夜兼行で運転される583系寝台特急電車が多数休憩している。[昭和61年9月下旬]

南部縦貫鉄道 七戸駅(しちのへ)

レールバスがトコトコ走った八甲田山東麓の小さな終着駅

　七戸駅は、南部縦貫鉄道南部縦貫鉄道線の終着駅。南部縦貫鉄道線の営業休止にともない1997（平成9）年5月6日に七戸駅も営業休止。そのまま駅・路線とも復活することなく、2002（平成14）年8月1日をもって正式に廃止された。

　南部縦貫鉄道線を運営していた南部縦貫鉄道株式会社は、沿線開発を目的に七戸町をはじめとする上北地域の地方自治体や住民の出資で、1953（昭和28）年12月23日に設立された鉄道会社だった。鉄道敷設の免許を受け工事に取りかかったものの、資金難によりすぐに工事はストップしてしまった。

　その後、青森県だけで国内全体の約4割が埋蔵されているという砂鉄を利用して、むつ市に砂鉄精錬事業を設立するという構想が浮上（むつ製鉄）。沿線の天間林村（現・七戸町）から南部縦貫鉄道線で砂鉄を輸送するとして、東北地方の殖産興業を目的とする国策会社「東北開発」の出資を受け、会社設立から11年後の1962（昭和37）年10月20日にようやく開業にこぎつけ、七戸駅も同日開業した。

　難産の末に走り出した南部縦貫鉄道だったが、頼みのむつ製鉄は設立はされたものの、良質安価な輸入鋼の台頭で砂鉄銑の事業化は

> **ACCESS**
> 旧七戸駅（駅舎現存・車両動態保存）
> 青森県上北郡七戸町笊田
> 路線バス：七戸十和田駅 ➡ 案内所
> 　　　　　（十和田観光電鉄ほか）
> 駅レンタカー：七戸十和田駅から約10分

困難と判断され1965（昭和40）年に解散。貨物輸送の後ろ盾を失った南部縦貫鉄道は会社更生法の適用を申請して倒産。以後は「更生会社」として鉄道を運営した。

　赤字の鉄道事業を継続するために、沿線自治体から清掃事業や給食調理事業を受託するなどして存続を図ったのは、東北新幹線青森延伸時に七戸を経由する計画があり、接続に一縷の望みをかけたからといわれている。だが旧東北本線の路盤を借用して運転していた野辺地～千曳間の買い取りを国鉄清算事業団から要請され、その資金を捻出できず1997年に全線での運転を休止。そのまま廃止に至った。

　七戸駅は相対式ホーム2面2線と、車庫線3本を備えた終端駅だった。現在も駅舎とホーム車庫などが「南部縦貫レールバス愛好会」の手によって保存され、キハ10形レールバスも動態保存され、大型連休期間中に走行実演イベントが開催されている。

荷物の積み下ろしは線路上でも行なわれていた。[昭和48年10月1日]

たくさんのワム車に見送られて、野辺地駅へ向かうレールバス。[昭和57年4月4日]

富士重工製のバスの工法で造られた車両。機械式変速機のためひと昔前のバス同様クラッチを踏んでギアチェンジする。【平成4年11月29日】

十和田観光電鉄
十和田市駅
とわだし

ACCESS

十和田元町ショッピングセンター
青森県十和田市東一番町
高速バス：東京駅・池袋駅 ➡ 十和田市中央「シリウス号（国際興業）（十和田観光電鉄）」
路線バス：八戸駅・野辺地駅方面などから（十和田観光電鉄）
駅レンタカー：七戸十和田駅から約35分

1951（昭和26）年の電化時に導入されたクハ2401＋モハ2402。[昭和48年10月1日]

1960（昭和35）年に増備された川崎車輛製ED402が貨物を牽く。［昭和54年10月26日］

三沢市と十和田市を結び通勤通学に活躍した終着駅

　十和田観光電鉄の終着駅である十和田市駅が開業したのは1922（大正11）年9月5日のこと。十和田鉄道の古間木（ふるまき＝のちの三沢）〜三本木（のちの十和田市）間14.9キロが開業したことにともない当駅も開業した。

　戦後の1951（昭和26）年、全線改軌を行ない軌間を762mmから1067mmに変更。同時に全線が電化（1500V直流）され、客車（2400形）、電気機関車（ED300形）が導入された。1961（昭和36）年3月1日には古間木駅を三沢駅に改称。これは国鉄三沢駅より19日早かった。いっぽう、三本木駅が十和田市駅に改称されたのは1969（昭和44）年5月15日のことだった。十和田市駅は駅舎側に単式1面、線路を挟んで島式1面を有する複合式ホーム2面2線の駅で、貨物用側線や車庫のほか、駅舎上り方には貨物用ホームも有していた。

　十和田観光電鉄の輸送量がピークを迎えたのは1970（昭和45）年度で、利用客数は165万人を超えた。しかしその後は次第に客数が減少し、2010（平成22）年12月4日に東北新幹線が青森まで延伸して七戸十和田駅が開業すると、関東方面からの十和田湖周辺への観光客の動線は新幹線にシフト。同年の旅客数は46万人弱と、ピーク時の3分の1以下に落ち込んでしまった。また、ピーク時の1974（昭和49）年度には10万t以上あった貨物取扱量も、物流の自動車輸送への転換で1986（昭和61）年には1.1万tにまで激減。同年11月に貨物取扱いを廃止した。

　旅客、貨物ともに減少するなか、十和田市駅は1985（昭和60）年に新駅が移転開業した。新しい十和田市駅は駅ビル併設の橋上駅舎で、駅ビルにはダイエーのフランチャイズ店「とうてつ」がオープンした。

　十和田観光電鉄は本業の鉄道・バス事業の利用客の減少や燃料費などの経費の増大、さらに東日本大震災による観光事業への打撃などで経営が悪化。翌2012（平成24）年4月1日をもって同線は廃止され（廃止時の営業キロは14.7キロ）、十和田市駅も廃駅となった。

写真には写っていないが、ホーム奥の車庫には廃止になった北海道定山渓鉄道より譲り受けた湘南型2枚窓のクハ1211+モハ1201も在籍していた。[昭和54年10月26日]

国鉄津軽線 三厩駅（みうまや）

10月なのに雪深いホームにキハ22が到着。[昭和54年10月26日]

津軽半島最北端のいかにも最果てといった様子の駅前広場。[昭和49年2月11日]

津軽海峡を望む終着駅

　三厩駅は、青森駅と当駅を結ぶ延長55.8キロの津軽線の終着駅。津軽線の歴史は1951（昭和26）年12月に当時の国鉄の手によって青森〜蟹田間が開業したことに始まる。7年後の1958（昭和33）年11月25日に蟹田〜三厩間が延伸開業し、三厩駅も営業を開始した。当時の三厩駅の読みは「みうまや」とされた。駅が所在する三厩村（現外ヶ浜町）の読みは「みんまや」であり、ながらく駅名と所在地名の読みに齟齬があったが、JR東日本移管後の1991（平成3）年3月16日に現在の「みんまや」に改称された。

　三厩駅の駅構造は島式ホーム1面2線を有し、ホームと駅舎は構内踏切とスロープで連絡している。終端方には気動車や保守用車両などを収容する車庫も有し、終着駅らしい情景を呈している。駅舎はプレハブ造りの平屋建てで、開業当時からのものを使用しているが、何度か改築を受けており、現在の駅玄関は駅舎に向かって右側に付け替えられている。

　三厩駅が所属する津軽線は、かつては津軽半島東部沿岸の小さな町を結ぶ典型的なローカル線だったが、1988（昭和63）年3月13日の青函トンネル開通以降は、沿線の情景や運転形態も大きく変貌した。青森〜新中小国信号場間は、新規に開通した海峡線（JR北海道）との重複路線となり、交流電化された。同時にJR貨物の列車が運転を開始し、1984（昭和59）年以来津軽線全線で廃止されていた貨物営業がこの区間で再開されることとなった。

　いっぽうで中小国〜三厩間24.4キロの区間は電化されず、従来どおり気動車が運転されている。また津軽線の運転系統は蟹田駅を境に分断されており、2016（平成28）年3月のダイヤ改正以降は、三厩駅発着列車は1日5往復のみ。三厩〜青森を直通する列車は昼間時間帯の1往復のみで、他の列車は蟹田駅で折り返す設定となっている。

　通常の定期列車とは別に、観光列車として全席指定の「リゾートあすなろ竜飛号」が大型連休や土曜・休日を中心に運転されている。"リゾートあすなろ"はJR東日本が開発したハイブリッド気動車で、搭載するディーゼルエンジンは直接車輪を駆動せず、発電機の動力として発電に使われ、その電力で主動力のモーターを駆動する列車。三厩駅には新青森始発の「リゾートあすなろ竜飛号」が、運転設定日に1往復運転する。

大雪のなか、キハ22の2連が出発を待つ。低いホームではステップが大事だった。[昭和49年2月11日]

津軽鉄道 津軽中里駅
つがるなかさと

ストーブ列車が走る津軽鉄道の終着駅

　津軽中里駅は、青森県津軽半島の中央部を南北に縦貫し、津軽五所川原～津軽中里間の20.7キロを結ぶ津軽鉄道線の終着駅。津軽鉄道線は1930（昭和5）年に五所川原～金木間が開通。延伸工事が急ピッチで進められ、同年11月13日には津軽中里までが全通し、津軽中里駅も同時に開業するとともに、貨物運輸も始められた。貨物の主役は沿線から切り出された木材だった。津軽半島一帯は下北半島と並んで青森ヒバ（ヒノキアスナロ）が広く分布しており、耐朽性の高い建築材として需要が多い。太宰治の生家として有名な金木町の「斜陽館」にも、青森ヒバ材がふんだんに使われている。津軽鉄道開業以前から、津軽半島の山間には木材切り出しのための森林鉄道が毛細血管のように敷設され、最盛期には総延長320キロに及んだという。津軽鉄道は津軽山地の奥部で伐採され、森林鉄道で運び出された青森ヒバを五所川原経由で全国に出荷していた。

　津軽鉄道株式会社は、陸奥鉄道が運営していた川部～五所川原間の路線（のちの五能線の一部）が国により買収され、出資額の倍に相当する支払いを受けた株主たちが次なる鉄道路線として計画。建設・運営するために1928（昭和3）年に設立された会社。津軽鉄道線開通以降は乗合自動車事業にも進出し、戦時体制の交通業合同化もあって、西北津軽郡地域の乗合自動車路線は、そのほとんどが津軽鉄道傘下に組み込まれていた。

　津軽中里駅は北津軽郡中泊町（旧中里町）に所在する駅で、「日本最北の私鉄津軽鉄道・最北の駅津軽中里」という看板が掲げられている。駅構造は1面1線の単式ホームがあり、本線の外側に機回し線を有する。現在は使われていないが終端側の分岐機からは車庫線が延びていて、転車台や車庫跡も残されている。また、改築以前の旧駅舎南側には貨物ホームと貨物線も設けられていた。新築後の現駅舎にはスーパーストア（旧・生協中里店）が併設されていたが、2008（平成20）年に閉店。その後2012（平成24）年4月に中泊町が主体となって、交流施設「駅ナカにぎわい空間」がオープンした。特産品販売コーナーのほか、イベントスペース、コミュニティカフェ、町の無形民俗文化財である人形劇「金多豆蔵（きんたまめじょ）人形芝居」を上演する劇場も設けられている。

　沿線人口の減少と、それに伴う乗客減への対策、観光客誘致の一環としてイベント列車を多数運転している。特に有名なのは「ストーブ列車」で、毎年12月1日から3月31日までの4カ月間運転されるほか、8月の五所川原立佞武多（たちねぶた）の祭り期間には「真夏のストーブ列車」も運転される。

ユキ15形「キ101」単線用ラッセル車。[昭和49年2月11日]

キハ24021〜24は新潟鐵工所で新造された総括運転可能な液体式気動車。国鉄のキハ21に類似している。
[昭和49年2月11日]

長い1面1線のホームと機回し線が列車の到着を待つ。線路は断崖に阻まれて先へ延びることはない。
[昭和54年11月8日]

国鉄黒石線

黒石駅
くろいし

競合する私鉄路線に淘汰された国鉄の終着駅

　国鉄黒石駅は、かつて奥羽本線川部駅と当駅を結んでいた国鉄黒石線の終着駅だった。黒石線は1912（大正元）年8月15日に鉄道院により「黒石軽便線」として開業し、1922（大正11）年には黒石線に改称した。

　黒石線は全長6.6キロのいわゆる盲腸線で、黒石市街とは離れた位置にあった奥羽本線との連絡を担っていた。1935（昭和10）年4月15日には途中駅として前田屋敷駅が開業。川部駅で乗り換えの必要があるとはいえ、津軽地域の中核都市である弘前や県都青森に出るためには、必須の交通手段であった（一部列車は弘前への直通や五能線への乗入れも行なっていた）。

　しかし1950（昭和25）年に弘南鉄道弘南線が弘南黒石駅まで延伸されると、旅客は一気に弘南線に奪われてしまう。黒石～弘前間を乗り換えなしで直行できる弘南線に人々が流れたのは当然の帰結ともいえた。

　1980（昭和55）年に国鉄再建法が成立すると、翌年黒石線は第1次特定地方交通線の指定承認がなされた。これを受けて黒石市をはじめとする沿線自治体は、黒石線の存続を求めて弘南鉄道に路線引き受けを要請。弘南鉄道が黒石線を自社線路に転換して承継することが決定された。

　1984（昭和59）年、黒石線は全線の貨物取扱いを廃止。同年11月1日に路線が廃止となり、同時に「弘南鉄道黒石線」に転換。黒石線から弘南黒石駅への連絡線を敷設して国鉄黒石駅を廃止し、弘南黒石駅に統合した。

　また、黒石線の弘南鉄道への転換にあわせて奥羽本線との接続駅である川部駅も弘南川部駅に改称された（1986《昭和61》年に再び川部駅に改称）。

　廃止前の国鉄黒石駅は、弘南黒石駅の北側に位置しほぼ隣り合わせの関係にあった。単式ホーム1面1線に貨物用側線を備えた簡素な駅構造ながら、駅舎は天井の高い大きな木造建築で、駅玄関横には売店も設置されていた。しかし国鉄黒石駅は廃止後撤去され、かつて国鉄黒石駅があったと思われる場所には駅を偲ぶような遺構は何も残っていない。

　弘南黒石駅は1986（昭和61）年に駅名を「黒石駅」に改称した。

　弘南鉄道に承継後の黒石線はその後も旅客数が回復することはなく、1998（平成10）年4月1日に廃止され、弘南バスによるバス路線に転換された。

1面1線のホームに単行のキハ22が入線。[昭和54年11月8日]

川部駅空の下り列車が到着し、一時だけ賑わいを見せるホーム。[昭和49年2月12日]

雪に埋もれたホームで発車を待つキハ22。[昭和49年2月12日]

弘南黒石駅／大鰐駅

こうなんくろいし
おおわに

弘南鉄道
弘南線
大鰐線

弘南黒石駅1番線で出発を待つ弘前行電車。[昭和54年11月8日]

弘前方面に行くほとんどの人が、国鉄黒石線ではなく弘南鉄道を利用していた。[昭和49年2月12日]

津軽の通勤通学を支える2つの路線と終着駅

　弘南鉄道は青森県弘前市を中心に、弘南線と大鰐線の2つの路線を展開する地方私鉄だ。弘南線の弘前駅と大鰐線の中央弘前駅は1.4kmほど離れており、接続はしていない。

　弘南黒石駅は弘南線の延伸開業により1950（昭和25）年7月1日に開業した。これに先立つ1948（昭和23）年に弘南線は全線の電化（直流600V）を行なっている。これは青森県内初の鉄道電化だった。弘南線は1954（昭和29）年には架線電圧を750Vに、1961（昭和36）年には1500Vに昇圧する改良をそれぞれ行なっている。

　弘南黒石駅は頭端式1面2線のホームを有し、ほとんどの列車は南側の1番線を利用して発着する。1番線の線路とホームにかかるように、左右非対称の切妻形の屋根がかけられている。また1番線の南側には側線を2本有している。かつて黒石線が当駅に乗り入れていた時代には2面4線のホームを有していたが、黒石線廃止後は北側のホーム（3・4番線）は使われていない。黒石線の気動車が検査や補修に使用した検車庫が残されていて、黒石線の名残を今に伝えている。駅舎は1986（昭和61）年に建て替えられ、同年4月1日より供用が開始された。同時に駅名も「黒石駅」に改称している。

　弘南鉄道のもう1つの終着駅である大鰐駅は、弘南鉄道大鰐線に所属する駅だ。

　大鰐線は1952（昭和27）年1月26日に弘前電気鉄道によって開業した路線で、1970（昭和45）年10月1日をもって弘南鉄道に譲渡され、以降弘南鉄道大鰐線となった。大鰐線の終着駅（路線図上は起点）である大鰐駅は奥羽本線大鰐温泉駅の北側に隣接し、島式ホーム1面2線を有する駅。両駅は駅名は異なるが、のりば番号は通し番号が振られていて、1～3番線が奥羽本線、4・5番線が大鰐線となっている。また改札とホームを連絡する跨線橋も共用されている。弘南鉄道大鰐駅は北口と南口に駅舎を持ち、南口は大鰐温泉駅の東隣にあるが、無人のため乗車券は有人の北口出札口で購入する。また両線の軌道は、奥羽本線のレールが保守用車両留置線を介して大鰐線の引上げ線に接続されており、車両の乗入れが可能となっている。

　弘南鉄道の列車は現在すべて東京の東急電鉄から譲渡された車両を使用しており、弘南線はもと東急7000系、大鰐線はもと東急7000系及び6000系が運用されている。このほか弘南線にED33形、大鰐線にはED22形の電気機関車も配備されている。

吹雪の大鰐駅。手前の4番線に7000系（元・東急7000系）、奥の5番線に6000系（元・東急6000系）が停車中。大都会から雪深いこの地へ来て、何を思う……。[平成4年2月1日]

国鉄
八戸線

久慈駅(くじ)

朝ドラ『あまちゃん』の舞台にもなった三陸の駅

　久慈駅は岩手県久慈市に所在する八戸線の南端に位置する終着駅。八戸線は気仙沼線、山田線、三陸鉄道とともに、三陸海岸沿岸を走行する長大な三陸縦貫鉄道の最北部を走る路線で、青森県の八戸を起点に、久慈までの全長64.9キロを結んでいる。

　久慈駅の開業は1930（昭和5）年。陸中八木〜久慈間が延伸開業し、八戸線が全線開通したのとともに、同年3月27日に久慈駅が終着駅として開業した。以来半世紀近くにわたって、久慈駅は八戸線の終着駅として、往き交う人々を見守り続けてきた。

　久慈駅が終着駅ではなくなったのは、開業から45年後の1975（昭和50）年7月20日。久慈〜普代間の26.0キロ（当時）が開業し、久慈線（現・三陸鉄道北リアス線）として営業を開始したためだ。久慈駅は八戸線の終点ではあったものの、八戸線と久慈線を直通する列車が設定されたため、その運転区間内の途中駅となった。

　当時の久慈駅は島式ホーム1面2線を有し、本線東側（海側）には複数の側線が敷設されていた。さらに駅舎側の本線（1番線）と駅舎の間には貨物側線も敷設され、駅舎北側には貨物用ホームも設けられていた。改札口と旅客ホームは、この貨物側線と本線1番線を横断する構内踏切で連絡していた。

　久慈駅の駅舎は、1945（昭和20）年4月17日に発生した久慈町大火により類焼被害を受け、駅舎が建て直されるまで仮駅舎での営業を強いられた。掲載の駅舎は消失後に建てられた2代目駅舎。久慈線開通2年後の1977（昭和52）年には鉄筋コンクリート2階建ての3代目新駅舎が竣工。同年12月21日に供用を開始した。

　1984（昭和59）年4月1日に久慈線が第三セクター鉄道三陸鉄道北リアス線に転換され、久慈〜宮古間71.0キロが開通。三陸鉄道久慈駅が開業した。三陸鉄道の久慈駅舎は国鉄久慈駅の北側、貨物ホームがあったあたりに新築された。八戸線とは改札が別になっているが、両線は駅構内の跨線橋で連絡している。

　2009（平成21）年には三陸鉄道が募集したネーミングライツで「琥珀王国久慈駅」の愛称が命名された。

　2011（平成23）年3月11日に発生した東日本大震災では、八戸線・北リアス線ともにともに大きな被害を受けて不通になったが、震災5日後の3月16日には、北リアス線の当駅〜陸中野田間が「復興支援列車」として運賃無料で運転開始された。八戸線の運転が再開されたのは2012（平成24）年3月17日。北リアス線が全線復旧したのは、震災から3年後の2014（平成26）年4月6日のことだった。

正午少し前の駅前　昼食は駅そばを手繰るのだろうか？ [昭和49年2月12日]

列車を降りた大勢の人達が構内踏切を渡って改札に向かう。まだ鉄道が賑やかだった頃。[昭和48年10月16日]

来たるべき三陸鉄道開業の日を待つ。[昭和48年10月16日]

国鉄久慈線 普代駅(ふだい)

普代〜(現・白井海岸)〜堀内。[昭和54年12月15日]

広い駅前広場を持つ普代駅。[昭和48年10月16日]

国鉄久慈線の終着駅は三陸鉄道移管で中間駅となった

　普代駅は岩手県下閉伊郡普代村に所在する駅。かつて国鉄久慈線時代には久慈線の終着駅だったが、三陸鉄道に移管後は当駅〜田老間が延伸開業され、中間駅となった。

　国鉄久慈線が開業したのは1975（昭和50）年7月20日。久慈〜普代間の26.0キロが開通し、普代駅が開業した。もともと久慈線は久慈駅から宮古駅までの区間で計画された路線の一部（北側）で、南側からは宮古〜田老間が1972（昭和47）年に開通。宮古線として開業していた。残る普代〜田老間も工事が進められており、路盤も完成し軌道を敷設できる状態にまで工程が進んでいた。

　しかし、普代駅開業からわずか6年後の1981（昭和56）年に久慈線は第1次特定地方交通線として廃止が承認されてしまう。宮古線も同時に廃止承認を受け、未開通区間の工事も中断してしまった。廃止承認を受け、久慈線と宮古線は岩手県などが中心となって設立した第三セクター鉄道三陸鉄道が路線を承継することを決定。工事も再開され、1984（昭和59）年4月1日に北リアス線として全通した。

　普代駅は駅舎より1段高い築堤上にホーム（島式1面2線）があり、駅舎とは地下通路と階段で結ばれている。駅舎内には観光センターや売店、商店があり、おでんが名物となっている。

　駅背後の斜面と線路の間には、国道45号の自動車専用道路（三陸北道路）が2013（平成25）年に開通した。東日本大震災では、普代駅は津波被害を免れたものの、北リアス線が被災したため当駅も一時閉鎖されたが、2012（平成24）年4月1日の運転再開により営業を再開した。

　NHKの連続テレビ小説『あまちゃん』で有名になった景勝地大沢橋梁は、普代駅から北に約6kmほど離れた堀内駅手前にある。

城の乱積みを思わせる石垣に圧倒される。[昭和54年12月15日]

国鉄 岩泉線 岩泉駅（いわいずみ）

大きな駅舎と島式ホームには延伸への願いが込められていた

岩泉駅は山田線の茂市駅から分岐し、当駅までの38.4キロを結んでいた国鉄岩泉線の終着駅。岩泉線の廃止にともない、当駅も2014（平成26）年に廃駅となった。

岩泉線は小本川上流で採掘される耐火煉瓦の原料粘土を輸送する路線として茂市〜浅内間の路線（小本線）が計画された。1942（昭和17）年に茂市〜岩手和井内間が開業。その後も延伸工事が続けられ、1957（昭和32）年に浅内駅まで延伸開業した。この時点で小本線の計画路線は完成したが、町の中心部まで乗入れを熱望する岩泉町の延伸線建設運動が起こり、1968（昭和43）年から工事を開始。1972（昭和47）年2月26日に浅内〜岩泉間が延伸開業。同時に路線名を岩泉線に改称し、岩泉駅も開業した。

岩泉駅は単式ホーム1面1線を持つ地上駅だった。一見するとホームやホーム屋根の形状が島式ホームを思わせるが、駅舎とホームの間にレールは敷設されておらず、列車の発着は駅舎を背にする南側のみだった。岩泉駅から小本駅（現在の三陸鉄道岩泉小本駅）まで延伸する計画もあったため、全通時には岩泉駅で列車交換ができるようにするための設計と思われるが、岩泉〜小本間は調査のみで着工もされず、岩泉線廃止とともに計画も頓挫した。

岩泉駅は近隣に日本三大鍾乳洞といわれる龍泉洞があり、開業当初は観光客の増加により利用者数も増加した。しかし最盛期だった1970年代中頃ですら1日5往復、末期には3往復しか列車が発着せず、加えて連絡する山田線茂市駅の列車本数も少ないうえに接続も悪いことから、観光利用者はバスや自家用車に流れ、岩泉線の旅客数は壊滅的に減った。

そうしたなか、2010（平成22）年7月31日に土砂崩れによる脱線事故が発生し、岩泉線は全線で運休を余儀なくされた。2013（平成25）年3月30日にJR東日本は「岩泉線の復旧を断念し、バスによる輸送に切り替えたい」とする方針を発表。同年11月7日、岩泉線を廃止することでJR東日本と岩手県・宮古市・岩泉町が合意し、岩泉線の廃止が決定。2014（平成26）年4月1日をもって路線復旧を見ることなく全線が廃止され、岩泉駅も同日廃駅となった。

岩泉駅舎は廃止以前から駅舎2階で業務を続けていた岩泉商工会が、そのまま引き続き使用している。また駅舎玄関脇には開業時の「岩泉駅開業記念」の石碑が残されている。2016（平成28）年時点ではホームや線路も残っているが、駅名標などは撤去されている。

ACCESS

駅舎・ホーム現存（岩泉商工会）
岩手県下閉伊郡岩泉町岩泉中野
路線バス：岩泉小本駅 ➡ 岩泉消防署前
　　　　　（岩泉町民バス）
駅レンタカー：宮古駅から約1時間10分

列車本数は少ないのに、駅舎は2階建ての大きく立派な建物だった。[昭和48年10月16日]

上り列車が行ってしまうと、ホームには人影がなくなった。[昭和48年10月16日]

3両編成の気動車が到着。観光客が多かった時代も夢の跡。[昭和56年10月21日]

国鉄
宮古線

田老駅
(たろう)

高台のこの駅にも震災の津波は押し寄せた

　田老駅はかつて国鉄宮古線の終着駅だった。宮古線の第三セクター鉄道三陸鉄道への移管にともない当駅も三陸鉄道の駅となり、三陸鉄道北リアス線開業時に当駅〜普代間が延伸開業したことにより、中間駅となった。

　宮古線は1972（昭和47）年2月27日に宮古〜田老間の12.8キロが開通。同日田老駅も終着駅として開業した。

　国鉄宮古線時代の田老駅は、築堤上に設置された単式ホーム1面1線の棒線駅で、宮古駅からやってきた車両は当駅でそのまま折返していた。当駅〜普代間の延伸工事は継続中で、昭和50年代後半にはほとんどの区間でレールの敷設も終えていたが、この区間に列車が走ったのは、宮古線および久慈線が三陸鉄道北リアス線となってからのことだった。

　宮古線が三陸鉄道に移管され久慈〜田老間が開通すると、田老駅は改良工事が施されて島式1面2線と側線を有する、列車交換や待避が可能な駅となった。築堤下の駅舎とホームは階段と通路で結ばれていて、かつては鉄筋コンクリート2階建ての「田老物産観光センター」が駅舎として存在し、田老町観光協会が出札窓口業務を受託していた。

　2011（平成23）年3月11日に発生した東日本大震災による大津波は田老町にも押し寄せ、駅舎は全壊。築堤上のホームは倒壊こそ免れたものの、流された民家の屋根が線路に覆い被さり瓦礫が散乱。階段通路も瓦礫で埋め尽くされた。三陸鉄道も各所で大きな被害を受け、全線が不通となった。しかし地震発生から9日後の3月20には宮古〜当駅間の運転が再開され、田老駅も営業を再開した。3月20日には当駅〜小本間の運転も再開された。しかし北リアス線全線が復旧したのは震災から3年後の2014（平成26）年4月6日のことだった。

　津波により全壊した田老駅舎「田老物産観光センター」はその後取り壊され、現在の田老駅は無人駅となっている。

　田老駅を含む宮古〜久慈間には、定期列車とは別に企画列車として、春〜秋は「お座敷列車」、冬季には「こたつ列車」が連休や土曜・休日を中心に不定期に運転されている。途中各駅に停車し、乗車区間の運賃＋指定席券（500円）で乗車できる。現在の使用車両は「36-Z形（さんりくZがた）」気動車で、愛称は「さんりくはまかぜ」と命名された。「さんりくはまかぜ」は東日本大震災から全線復旧を果たした2014年4月6日より営業運転を開始した。

国鉄時代の田老駅は1面1線の棒線駅だった。[昭和48年10月16日]

列車が到着すればそれなりの乗降客で賑わいを見せた。[昭和56年6月19日]

田老地区には総延長2433m、高さ10mの大防潮堤が築かれていたが、東日本大震災の大津波は堤を乗り越えて田老の町を襲った。[昭和48年10月16日]

国鉄
釜石線
山田線

かまいし
釜石駅

近代製鉄業発祥の地・釜石の発展を見守り続けてきた終着駅

　釜石駅は岩手県釜石市にある山田線と釜石線の終着駅。また、三陸鉄道南リアス線も当駅を終着駅としている。つまり釜石駅は乗り入れる3路線すべての終着駅でもある。

　釜石駅は1939（昭和14）年9月17日の山田線延伸全通により同日より営業を開始した。山田線は東北本線盛岡駅より東進し、宮古駅を経て太平洋沿岸を南下、釜石駅に至る157.5キロの路線で、釜石線の全通以前は、岩手県北部における唯一の内陸部と沿岸部とを結ぶ鉄道路線であり、釜石鉱山や釜石製鉄所から東北本線へと、夜を日に継いで貨物列車が走った。

　山田線の全通と釜石駅開業から5年後の1944（昭和19）年10月10日には釜石～陸中大橋間が釜石東線として開業。開業当初は貨物営業のみだったが、翌1945（昭和20）年6月15日からは旅客営業も開始された。

　この時点では釜石西線（花巻～仙人峠）と釜石東線は接続されておらず、両線をつなぐ区間の新線建設工事も太平洋戦争激化のために中断されていた。しかし終戦後の1946（昭和21）年11月、台風による風水害で山田線が宮古市西部の平津戸～蟇目間で壊滅的な被害を受け長期運休を余儀なくされた。このため沿岸部と内陸部を結ぶ代替ルートとして、釜石線の全通が促進されることになった。釜石東線と釜石西線は1952（昭和27）年10月10日に全通し、釜石線に改称。花巻～釜石間の直通運転が開始された。

　山田線の復旧が完了し、全線で運転が開始されたのは運休から8年後の1954（昭和29）年11月だった。その後も山田線は集中豪雨や地震で被災を繰り返し、その都度復旧作業と営業再開を繰り返してきたが、2011（平成23）年3月11日に発生した東日本大震災では全線にわたって被災し、特に津波による被害が大きかった沿岸部の宮古～釜石間（55.4キロ）は2016（平成28）年現在も運休中で、復旧後は三陸鉄道への移管開業が予定されている。

　釜石～盛間を結ぶ三陸鉄道南リアス線も東日本大震災以降不通となっていたが、2013（平成25）年4月3日に盛～吉浜間が営業再開。翌2014（平成26）年4月5日に全線が復旧し、三陸鉄道釜石駅も同日営業を再開した。

　釜石駅は島式ホーム2面4線を持つ地上駅で、駅舎とホームは地下通路で連絡する。国鉄時代の構内には多くの側線が敷設され、機関区や転車台も有していた。新日鐵釜石製鉄所への専用線も当駅から分岐していた。

　三陸鉄道南リアス線の釜石駅はJR釜石駅の東側に隣接し、甲子川寄りのホームとは地下通路で連絡している。

自転車でリヤカーを引く光景がのどかな駅前広場。[昭和48年10月17日]

5両編成の列車が入線してきた。手前からキハ25＋キハ25＋キハ58＋キハ58＋キハユニ26。画面右はじには職用車らしき客車も見える。[昭和56年6月19日]

製鉄所とたくさんの貨車をバックにキハ52の2連が甲子川の鉄橋を渡る。[昭和59年10月上旬]

吉浜駅 よしはま

国鉄盛線

国鉄時代には終着駅だった三陸鉄道の小さな駅

　吉浜駅は岩手県大船渡市三陸町吉浜に所在する第三セクター鉄道三陸鉄道南リアス線の駅で、かつての国鉄盛線の終着駅だった。

　盛線は1970（昭和45）年3月1日に盛〜綾里間が先行開業し、1973（昭和48）年7月1日には綾里〜吉浜間が延伸され、吉浜駅が当面の終着駅として開業した。

　計画では盛線は吉浜駅から釜石駅まで延伸し、山田線（陸中山田〜釜石）および大船渡線（盛〜大船渡）とそれぞれ連絡する「岩手県山田ヨリ釜石ヲ経テ大船渡ニ至ル鉄道」の一部とされていた。

　吉浜駅開業後も釜石駅に向けて延伸工事は継続されていたが、盛線は1981（昭和56）年9月18日に特定地方交通線の第1次廃止対象路線として廃止承認された。これを受け、鉄道建設公団が建設中だった延伸予定区間の工事は中止された。いずれ路線が延伸され、中間駅となるはずだった吉浜駅は、この時点で終着駅として廃止されることが決定してしまった。しかし岩手県などが中心になって設立した三陸鉄道が、未開業部分も併せて引き受けることになり延伸工事が再開された。

　1984（昭和59）年4月1日をもって国鉄盛線は廃止。同日三陸鉄道南リアス線として開業。未開業区間の新線も同日までに延伸が完了し、盛〜釜石間全線での営業を開始した。これにより吉浜駅は南リアス線の中間駅となり、終着駅としての役割を終えた。

　吉浜駅は単式ホーム1面1線を有する棒線駅で、国鉄時代は駅舎もなく、ホーム上に小さな待合室があるだけの無人駅だった。盛線は終端駅で他の路線に接続しない盲腸線だったこともあり運転本数は少なく、第三セクター鉄道移行直前である1983（昭和58）年の吉浜駅列車時刻表では、1日5往復が運転する閑散路線だった。当駅に到着した列車は5分から6分ほど停車すると、再び盛駅に折返していった。当時の盛駅行き最終列車は19時ちょうどの発車だった。

　三陸鉄道移行後の吉浜駅は、ホームに隣接して大船渡市役所吉浜出張所（吉浜地区拠点センター）が建てられ、「きっぴんセンター」の愛称で駅利用者にも親しまれている。吉浜駅自体は無人駅であり、きっぴんセンターに駅機能はない。

　東日本大震災では、周辺の多くの集落が津波による大きな被害を受けたが、吉浜地区は明治期に、当時の吉浜村が村を挙げて集落の高台移転を敢行しており、津波による被害をほとんど受けなかった。地震発生時に付近を走行中だった三鉄の気動車は鍬台トンネル内で停車し破損を回避。3カ月後に自力で吉浜駅まで回送した。

吉浜川鉄橋を渡るキハ28 401（旧キロ25）＋キハ58の2連。［昭和59年10月上旬］

キハ22＋キハ58＋キハ28 401の3連。キハ28は回転クロスシート装備で優等列車気分が味わえた。
［昭和61年5月上旬］

ホームにオートバイを乗り入れて何やら世間話。長閑な漁村の長閑な駅風景。[昭和48年10月17日]

岩手石橋駅
いわていしばし

岩手開発鉄道
日頃市線

小さな気動車がスイッチバックで登ってきた山間の小さな終着駅

ACCESS
駅舎・ホーム現存（現在は貨物専業）
岩手県大船渡市日頃市町字石橋19-2
駅レンタカー：釜石駅から約1時間
　　　　　　　遠野駅から約55分

　岩手石橋駅は岩手県大船渡市日頃市町にある岩手開発鉄道日頃市線の終着駅。日頃市線は現在も貨物線として存続しているが、日頃市線は1992（平成4）年3月末で旅客営業を廃止したため、列車に乗車して岩手石橋駅を訪れることはできない。

　日頃市線は岩手県大船渡市の盛〜当駅間を結ぶ、岩手開発鉄道の貨物路線。大船渡市内陸部にある大船渡鉱山で採掘した石灰石を盛駅を経由して、太平洋セメント大船渡工場に隣接する岩手開発鉄道赤崎線の赤崎駅へと輸送する。盛駅を境に、日頃市線と赤崎線に分かれてはいるが、両線は実質的にひとつの路線として運転されている。

　日頃市線はもともと、沿線の地域振興や林産資源などの輸送を目的として大船渡線盛駅から遠野市の釜石線平倉駅までを結ぶ路線として計画された。1941（昭和16）年に着工され建設が始まったが、太平洋戦争激化により工事は中断され、再開したのは終戦後だった。1950（昭和25）年10月に盛〜日頃市間が開業し日頃市線と命名された。1957（昭和32）年には赤崎線（当初より貨物営業のみ）を開業し、小野田セメント（現在の太平洋セメント）が製造するセメントの輸送を開始した。

　1960（昭和35）年6月21日には日頃市〜岩手石橋間が延伸開業され、岩手石橋駅が終着駅として開業。大船渡工場向けの石灰石輸送並びに当駅〜盛間の旅客営業が開始された。しかし日頃市線の旅客数は開業当初よりきわめて少なく、旅客列車の岩手石橋駅の運転本数は1日3往復しかなかった。さらに運賃も盛〜当駅の全線乗車でも120円（廃止時）と安価だったため、収益は無いに等しいものだった。このため貨物輸送の減少により旅客輸送を行なう余裕が無くなり、1992（平成4）年4月1日をもって盛〜岩手石橋間の旅客営業を廃止した。

　岩手石橋駅は単式ホーム1面1線を有する地上駅で、盛駅方面から進行してきた列車はいったん駅舎の東側を通過。引上げ線でスイッチバックして当駅ホームに入線していた。駅舎西側には貨物用の側線を挟んで石灰石を貨車に積み込むホッパーの建屋があり、貨物列車はこちらに入線していた。ホームの駅名標には、隣駅である日頃市駅が南側に表記されていたが、当駅を発車する列車はスイッチバックのため、いったん北側の引き上げ線に向けて進行する。

　現在も岩手石橋駅は駅舎やホームは現存しているが、ホーム脇の旅客列車用レールは撤去されてしまった。

（上）駅舎東側の線路を登ってきた列車は、スイッチバックで向きをかえ、岩手石橋駅に到着。[昭和54年12月17日]
（下）石灰石を積んだホキ100を牽引するDD56形ディーゼル機関車。[昭和54年12月17日]

新潟鐵工所で新造された全長12mの小型気動車、キハ202がスイッチバックしてホームに入線。
[昭和48年10月17日]

小坂駅
こさか

同和鉱業
小坂線

鉱山の輸送線として生まれ沿線住民に親しまれた終着駅

　小坂駅は当時、同和鉱業小坂線（通称小坂鉄道）の終着駅。2009（平成21）年4月1日に小坂線が廃止され小坂駅も廃駅となった。

　小坂線は秋田県大館市の大館～小坂間の22.3キロを結んでいた路線で、小坂鉱山から採掘される金、銀をはじめとする様々な鉱石を輸送するために計画された。

　1908（明治41）年9月15日に、藤田組（のちの同和鉱業）が小坂鉱山専用鉄道を大館～二ツ屋（のちの長木沢）に軌間762mmで開設。翌1909（明治42）年には小坂鉄道株式会社が設立され、専用鉄道を改修。茂内～小坂間を延伸し小坂線、茂内～二ツ屋間を長木沢支線として、同年5月7日より一般営業を開始した。1928（昭和3）年には茂内～小坂間が電化され、1949（昭和24）年には小雪沢駅まで電化区間が延伸されたが、1962（昭和37）年10月1日に全線を1067mmに改軌するとともに電気運転を廃止した。

　小坂駅は旅客用の単式ホーム1面1線のほか、駅構内に機関区や車庫、多数の貨物用側線が設けられ、小坂製錬所への専用線も敷設されていた。また駅入り口手前には11号蒸気機関車とハ1貴賓客車が保存展示されていた。これは1921（大正10）年8月4日に秩父宮、高松宮両殿下が小坂鉱山を視察された際に実際に使用された車両で、軌間拡幅で使用されなくなったあとも記念として展示していたもので、後述の「小坂鉄道レールパーク」に永久保存されることになった。

　1962（昭和37）年の改軌以降は、同和鉱山花岡線との直通運転を開始。当駅～花岡駅間を約45分で結んでいた。

　旅客の減少に対応し、小坂線は1988（昭和63）年12月1日より旅客列車のワンマン運転を開始。翌年には同和工業から小坂製錬が分離され、小坂製錬・小坂線となった。その後も旅客の減少は続き、1994（平成6）年度の旅客輸送人員は、1979（昭和54）年度の10分の1にまで落ち込んだ。このため1994年10月1日に小坂線は旅客営業を廃止。貨物専用の鉄道となった。その後貨物営業も縮小し、2009（平成21）年4月1日をもって全線が廃止され、小坂駅も100年にわたる歴史に幕を下ろした。

　廃止後の2013（平成5）年10月、旧駅舎や車両、施設等を修復整備して「小坂鉄道レールパーク」がオープンした。

ACCESS

小坂鉄道レールパーク
秋田県鹿角郡小坂町小坂鉱山字古川20-9
路線バス：大館駅・十和田南駅 ➡ 小坂小学校前（秋北バス）
駅レンタカー：弘前駅から50分

DD130形ディーゼル機関車がキハ2100形2両を従えて雪原を行く。東袋野〜雪沢温泉間 [昭和49年2月14日]

キハ2100形が出発を待つ小坂駅ホーム。駅員さんの金色の3つボタンがまぶしい。[昭和49年2月14日]

キハ2100形は、日本車輌製造が企画した電車用「私鉄標準車体」の気動車版。1962(昭和37)年に7両が導入された。同型車に関東鉄道常総線用のキハ800形があった。【昭和57年3月19日】

同和鉱業花岡線 花岡駅（はなおか）

花岡鉱山の鉱石積み出しで賑わった山間の終着駅

花岡駅はかつて秋田県大館市花岡町に所在した同和鉱業花岡線の終着駅。花岡線の廃止により、1965（昭和60）年に廃駅となった。

同和鉱業花岡線は、大館市北部の花岡鉱山から採掘される鉱石の輸送を目的に、花岡鉱山が大館～花岡間に敷設した「花岡鉱山専用鉄道」がその前身。1915（大正4）年4月に藤田組（のちの同和鉱業）が花岡鉱山を買収。同年11月には小坂線を開業していた小坂鉄道株式会社に譲渡された。鉄道免許状取得を経て1916（大正5）年1月26日、旅客営業も行なう普通鉄道として小坂鉄道花岡線が大館～花岡間4.8キロを開業。花岡駅も終着駅として開業した。

花岡線は開業時点では小坂線同様、762mm軌間の軽便鉄道規格路線であったが、1951（昭和26）年11月25日に1067mmに改軌され、大館駅での国鉄奥羽本線、花輪線との貨車直通が可能になった。1958（昭和33）年2月1日、小坂鉄道が同和鉱業へ合併したことにともない、花岡線は「同和鉱業花岡線」となった。1962（昭和37）年に小坂線が改軌を受けて軌間1067mmになると、花輪線と小坂線は大館駅で折返すかたちで直通運転を開始。ほぼ一体で運転されるようになった。しかし花岡鉱山が閉山したため、花岡線の貨物営業は1983（昭和58）年12月1日をもって廃止された。その後も旅客営業は継続されたものの、花岡鉱山閉山にともなって旅客数も減少。廃止前年の1984（昭和59）年6月時点では、花岡線の運転本数は1日6往復のみで、うち3往復は休日と学校休校日は運休というものだった。こうした状況により、花岡線は1985（昭和60）年4月1日に全線を廃止。花岡駅も廃駅となった。また、かつて大館駅で接続していた小坂線も2009（平成21）年に全線廃止され、小坂鉄道の路線は消滅した。

花岡駅は旅客用の単式ホーム1面1線を有する地上駅で、本線脇には複数の貨物用側線も敷設され、終端側からは花岡鉱山堂屋敷鉱床への専用線（貨物支線）も延びていた。駅舎は木造平屋建ての駅舎が開業時から使われていたが、花岡線廃止後に解体撤去され、現在は駅遺構は何も残っていない。

花岡線を走っていた車両の一部は、現在「小坂鉄道レールパーク」において動態保存されており、今もディーゼル機関車などが走行する姿を見ることができる。

ACCESS

駅遺構は残っていない
秋田県大館市花岡町堤沢
路線バス：大館駅1番バス乗り場 ➡ 繋沢二井山経由 北陽中学校線　工業高校前（秋北バス）
駅レンタカー：弘前駅から1時間

(上）小さいながらも石造りの重厚な建物だった花岡駅舎。【昭和49年2月13日】
(下）折返し小坂行のキハ2100形が到着。出迎えるゴム長靴の駅員さん。【昭和49年2月13日】

廃止直前の花岡駅構内は側線や鉱山専用線も撤去されてしまっていた。1線だけ残されたレールがもの悲しい。
[昭和59年11月2日]

国鉄 阿仁合線 比立内駅（ひたちない）

三セク化で中間駅となったかつての阿仁合線終着駅

　現在の比立内駅は、秋田県北秋田市阿仁比立内に所在する第三セクター鉄道秋田内陸縦貫鉄道秋田内陸線の駅。国鉄時代の比立内駅は、阿仁合線の終着駅だった。

　阿仁合線は1922（大正11）年に制定された改正鉄道敷設法により、「秋田県鷹ノ巣ヨリ阿仁合ヲ経テ角館ニ至ル鉄道」として計画された。建設はまず北側の鷹ノ巣側より始められ、1934（昭和9）年に鷹ノ巣〜米内沢間が先行開業。阿仁合線と命名された。阿仁合線が比立内まで延伸されたのは1963（昭和38）年10月15日のこと。同時に比立内駅も阿仁合線の終着駅として開業した。戦争で工事を中断せざるを得ない期間があったとはいえ、比立内駅開業までに29年の歳月を費やしたことになる。計画路線のもういっぽうの南側は、角館〜松葉間が角館線として1971（昭和46）年11月1日に開業。比立内〜松葉間の29.0キロが開通すれば、鷹ノ巣〜角館間の計画線が全通するはずだった。

　しかし角館線は開通からわずか10年後の1981（昭和56）年に第1次特定地方交通線に指定され廃止承認。続いて阿仁合線も1984（昭和59）年に第2次特定地方交通線に指定され、比立内〜松葉間の建設工事も凍結されてしまった。これを受けて秋田県や北秋田市、仙北市、秋田銀行、北斗銀行、東北電力などが出資し、第三セクター鉄道「秋田内陸縦貫鉄道株式会社」を設立。阿仁合線と角館線、建設線を引き継いで運営することが決定された。

　1986（昭和61）年11月1日、国鉄阿仁合線と角館線は廃止され、同日より鷹巣（鷹ノ巣より改称）〜比立内間を「秋田内陸北線」、松葉〜角館間を「秋田内陸南線」として開業した。そして1989（平成元）年4月1日には比立内〜松葉間が延伸開業され、全通した路線名は「秋田内陸線」に改称。比立内駅はそれまでの終着駅から中間駅となった。

　比立内駅は島式ホーム1面2線を有する地上駅で、駅舎とホームは構内踏切で連絡する。本線の駅舎側には側線が1本あり、国鉄時代には貨物線として使われていた。また駅舎と反対側の本線外側にも国鉄時代には側線があり、こちらは機回し線として使われていた。比立内駅は終端駅だったこともあり、駅南側のかつての終端部分には転車台も設けられていた。現在転車台は撤去されて痕跡はほとんど残っていない。

　現在の駅舎は国鉄時代のコンクリート平屋建てだったものを改装して使用している。陸屋根だった平坦な建物は、切妻屋根と差しかけ屋根が載せられている。比立内駅は現在無人駅なので、除雪の手間を省くくふうも兼ねているのだろう。

駅舎には通勤・通学する人達の自転車が、持ち主の帰りを待っていた。[昭和55年7月9日]

列車の到着を待つ人だろうか。雪のホームで所在なげに佇んでいた。[昭和57年3月18日]

首都圏色のキハ40の4連がホームからはみ出して停車中。[昭和55年7月9日]

国鉄角館線

松葉駅
まつば

三セク移行で快速や急行も停まるようになった かつての終着駅

　松葉駅は秋田県仙北市西木町桧木内字松葉にある第三セクター鉄道秋田内陸縦貫鉄道秋田内陸線の駅。かつて国鉄時代には角館線の終着駅だった。

　角館線は、奥羽本線鷹ノ巣駅から田沢湖線角館駅までを結ぶ鉄道として計画された路線のうち、南側の角館〜松葉間の19.2キロを1971（昭和46）年11月1日に開業した路線で、松葉駅はその終着駅として同日開業した。

　松葉駅は終着駅とはいえ、水田の中に小島のように佇む単式ホーム1面1線の駅で、ホームに待合室が設置されているのみの、駅舎すらない閑散とした小さな駅だった。ホーム終端側（比立内方面）にはスロープが取り付けられており、構内踏切を渡って道路に出るようになっていた（改札はない）。昭和50年代にはすでに構内踏切の先まで線路が敷設されていたがそれも数100m先で途切れて車止めが設置されていた。つまり構内踏切とはいえ列車が通らない踏切で、当時は警報機すら設置されていなかった。松葉駅の南側（角館方面）には本線から分かれるかたちで分岐機が取り付けられ、ホームの西側の切り欠き部分までレールが延びていたが、現在は分岐機やレールは撤去されている。

　角館線は1981（昭和56）年に第1次特定地方交通線に指定され廃止承認を受けたが、鉄道の存続を望む沿線自治体が中心となり、第三セクター鉄道の秋田内陸縦貫鉄道を設立。1986（昭和61）年11月1日に、北側の阿仁合線とともに三セクに移行。松葉駅は秋田内陸南線の終着駅となった。その後、1989（平成元）年4月1日に松葉〜比立内間が延伸開業し全線が開通。路線名を「秋田内陸線」に改称し、松葉駅は中間駅になった。

　現在の松葉駅の基本構造は国鉄時代とほとんど変わらない。駅名標が秋田内陸縦貫鉄道のものに変わり、ホームが狭くなっている南側の切り欠き部分に転落防止柵が設置された程度で、ホーム上の待合室やスロープ、構内踏切も国鉄時代と変わらぬかたちを保っている。

　大きく様変わりしたのは列車本数だろうか。国鉄角館線時代は1日わずか3往復の普通列車しか運転されていなかったが、2016（平成26）年3月改正のダイヤでは、上りが普通8本、快速1本、急行「もりよし」1本の計10本が、下りは普通6本、快速2本、急行「もりよし」2本の計10本の10往復がすべて当駅に停車する。

田畑の間の砂利道を進むと、唐突にホームが現れた。[昭和48年8月6日]

キハ52が単行で入線してくる。けっこう乗客が待っている。[昭和57年3月16日]

列車が通過するはずがない場所に第4種踏切が設置されている。[昭和48年8月6日]

国鉄
男鹿線

男鹿駅
おが

男鹿半島観光の拠点として多くの観光客を迎える終着駅

　男鹿駅は国鉄（現・ＪＲ東日本）男鹿線の終着駅。1913（大正2）年より工事が進められて順次開業した、船川軽便線の終着駅として1916（大正5）年12月16日に開業した。開業当初の駅名は船川駅だった。1937（昭和12）年には船川〜船川港間の貨物線が延伸開業。船川港駅は貨物専用駅だったので、旅客駅としては船川駅が終着駅のままだった。なお船川港駅は、2002（平成14）年に男鹿線内の貨物列車が全廃されたため、同年1月1日をもって貨物線とともに廃止となった。

　船川線が現在の男鹿線に改称されたのは1968（昭和43）年4月1日のこと。船川駅も同時に男鹿駅に改称された。

　男鹿線は奥羽本線追分駅を起点とし、男鹿駅に至る路線距離26.6キロの地方交通線。全線非電化単線で、1994（平成6）年7月19日まではＤＤ51形ディーゼル機関車牽引による客車列車も運転されていた。現在はキハ40系気動車が運用されている。また現在男鹿線を走行する列車は、すべて奥羽本線秋田駅まで直通する。

　男鹿駅は島式ホーム1面2線を有し、駅舎とホームは構内踏切を介して連絡する。かつて1番線と駅舎の間に敷設されていた貨物線は、現在は撤去されている。

　2番線側の構内には、かつて貨物専用線があった名残で側線が何本も敷設されている。また船川港方向に延びていた貨物専用線も残っている。線路を挟んで東側の男鹿警察署裏手には秋田運輸区男鹿駐泊所がありその隣には車庫の建屋が残されている。

　駅舎は2013（平成25）年に開催された「秋田デスティネーションキャンペーン」にあわせてリニューアルされ、「なまはげの訪れる古民家」をイメージしたものに改築。2012（平成24）年10月1日より現在の姿になった。駅玄関脇には2体のなまはげ像も新たに設置された。

　2015（平成27）年11月20日にＪＲ東日本秋田支社は、交流電化区間と非電化区間を走行できる新型蓄電池電車「ＥＶ－Ｅ801系」の2両1編成を男鹿線に導入することを発表した。

　運転区間は男鹿線で運転されているキハ40系気動車同様に秋田〜男鹿間で、奥羽本線内では架線からの電力で充電しながら走行。男鹿線内では蓄電池の電力を使って走行し、男鹿駅に停車中は電力会社の配電線を介して充電するというものだ。

　ＥＶ－Ｅ801系の営業開始は2017（平成29）年春を予定している。

船越水道に架かる八郎川橋梁を渡るキハ40ほか4連。かつて八郎川橋梁は橋桁の一部が昇降する可動橋だった。矢王〜船越間 [昭和59年2月中旬]

海水浴帰りだろうか？　整列して列車を待つ人々。[昭和48年8月5日]

バス窓のキハ17が到着。大勢の乗客が降りてきた。[昭和48年8月5日]

羽後矢島駅
うごやしま

国鉄矢島線

三セク移行後も観光に力を注ぐ終着駅

　羽後矢島駅はかつての国鉄矢島線の終着駅。矢島線の廃止と第三セクター鉄道の由利高原鉄道への移行に伴い、現在は由利高原鉄道鳥海山ろく線矢島駅となっている。

　矢島線は、大正時代に開業していた横荘鉄道西線の羽後本荘～前郷間の11.6キロを、1937（昭和12）年に国が買収・国有化し、矢島線と改称したときから始まる。同年12月15日には前郷～羽後矢島間の11.4キロを延伸開業し、羽後矢島駅が開業した。しかし、沿線の人口減少や貨物取扱量の低下が続き、矢島線は1980年の国鉄再建法施行により第1次特定地方交通線に指定を受け廃止承認された。一時は鉄道廃止・バス転換の方針に固まりつつあったが、秋田県や由利本荘市が中心となり、第三セクター鉄道の「由利高原鉄道株式会社」を設立。矢島線は三セク路線として存続することが決まった。

　1985（昭和60）年10月1日、国鉄矢島線の廃止と同時に由利高原鉄道鳥海山ろく線が開業。羽後矢島駅は「矢島駅」と改称された。

　国鉄時代の羽後矢島駅は、単式ホーム1面1線を有する地上駅で、本線の外側に2本の側線が敷設され、保守用車両の倉庫や留置線なども有していた。駅舎は開業時に建てられた木造平屋建ての駅舎がながらく使われ、駅前には鳥海山登山者用の休憩所なども設置されていた。この駅舎は由利高原鉄道移管後も使用され、2000（平成12）年に新築された2代目の現駅舎が同年9月25日に供用を開始した後は、倉庫として使用された。しかし旧駅舎は老朽化と駅前整備のために2011（平成23）年に解体撤去された。現在の矢島駅駅舎は由利高原鉄道の本社社屋としても使われている。

　由利高原鉄道となった現在もホームは1面1線の単式ホームで国鉄時代と変わらない。かつて構内にあった本荘運輸倉庫の貨物専用線跡には、車両基地と車庫が新設されている。

　国鉄時代の矢島線は列車の運転が1日8往復だったが、由利高原鉄道移管後は列車本数も増やされた。2016（平成28）年3月のダイヤ改正では1日14往復となり、このほかに特定の運転日に運転する臨時列車も3往復設定されている。また矢島駅を9時56分、羽後本荘駅を10時46分に発車する1往復は「まごころ列車」とネーミングされ、おばこと呼ばれる絣の着物を着用したアテンダントが乗務し、秋田弁まじりで沿線情報の案内を行ない、アテンダント手作りの乗車記念しおりなどをプレゼントしてくれる。

　2014（平成26）年には、由利高原鉄道の列車アテンダントという設定の萌えキャラ「やしまこころ」も登場した。

終端側より川辺駅方向を望む。トウモロコシの花穂が風に揺れていた。[昭和48年8月5日]

下校時間だろうか。ランドセルを背負った小学生が乗り込もうとしている。[昭和56年6月21日]

チッキ(手小荷物)であふれる羽後矢島駅のホーム。宅配便普及以前は、駅が小口荷物輸送の一翼を担っていた。
[昭和56年6月21日]

細倉駅
ほそくら
栗原電鉄

鉱山の隆盛とともに発展し
閉山によって消えた終着駅

　細倉駅はかつて宮城県栗原郡鶯沢町（現・宮城県栗原市鶯沢）にあった栗原電鉄の終着駅。「細倉マインパーク前駅」に移転改称後、栗原電鉄を引き継いだ「くりはら田園鉄道線」の廃止にともない、2007（平成19）年4月1日に廃駅となった。

　栗原電鉄は、前身である栗原軌道株式会社が1921（大正10）年に東北本線石越〜沢辺間を開通させたことに始まる。翌年には沢辺〜岩ヶ崎（のちの栗駒）間を延伸開業した。

　細倉鉱山は鉛や亜鉛ををを産出する非鉄金属鉱山で、栗原軌道はこの鉱山から採掘された鉱石の輸送も設立の際の目的であった。

　鉱山の経営が1934（昭和9）年に三菱鉱業に移って以降、細倉鉱山は大規模な増産を行なうようになり、栗原軌道が貨物輸送の大動脈となった。1941（昭和16）年に栗原軌道は栗駒鉄道に社名を変更し、翌1942（昭和17）年に地方鉄道に改組。同年12月1日に岩ヶ崎〜細倉間を延伸し全線が開業。同日細倉駅が開業した。

　戦後の1950（昭和25）年には直流電化され、1955（昭和30）年には1067mmへの改軌を実行。接続する石越駅での国鉄との貨物直通運転が開始された。同年11月29日には社名を「栗原電鉄」に改称。

　しかし1960年代後半になると沿線人口の

ACCESS
細倉マインパーク前駅跡
宮城県栗原市鶯沢南郷原
ホーム、ED202、ワフ71 静態保存
路線バス：石越駅前 ➡ マインパーク入口
　　　　　（グリーン観光バス）
駅レンタカー：くりこま高原駅から約35分
　　　　　　　一ノ関駅から約45分

減少により栗原電鉄の旅客数は減少傾向に転じる。1970年代に入ると細倉鉱山の生産量も減少し、貨物輸送も落ち込んでいった。

　1990（平成2）年に細倉鉱山跡地を利用したテーマパーク「細倉マインパーク」が開園すると、細倉駅は0.2キロほど鉱山側に移転し「細倉マインパーク前駅」が開業した。1993（平成5）年には栗原電鉄の親会社だった三菱マテリアルが沿線5市町村に株式を譲渡。第三セクター鉄道となり、1995（平成7）年4月1日に「くりはら田園鉄道」に社名を変更し、電化を廃止。ＫＤ95形およびＫＤ10形気動車での運転に切り替えられた。しかしその後も旅客数の減少は続き、2007（平成19）年4月1日をもって、くりはら田園鉄道線が廃止。細倉マインパーク前駅も廃駅となった。

　移転前の細倉駅は単式ホーム1面3線（うち旅客ホーム1線）を有していたが、移転後はマインパーク側に続く本線1線のみが使用された。

旅客列車は終点だが、貨物は右手方向の細倉鉱山駅まで延びる。[昭和48年10月1日]

今は懐かしいボンネットバス（いすゞBXD30形）。宮城交通「温湯（ぬるゆ）」行が発車を待つ。
[昭和48年10月1日]

ホームで発車を待つC15形（C151/152）電車。C152は現在登米市の「チャチャワールドいしこし」に保存されている。[昭和48年10月1日]

国鉄石巻線 女川駅（おながわ）

震災復興のシンボルに生まれ変わった終着駅

　女川駅は宮城県牡鹿郡女川町に所在する石巻線の終着駅。2011（平成23）年3月11日に発生した東北地方太平洋沖地震と地震に伴う大津波によって、駅舎や車両が流失する大被害を受け列車の運転を休止していたが、2015（平成27）年3月21日に全線が復旧。女川駅も新築された駅舎で営業を再開した。

　石巻線は、1912（大正元）年に仙北軽便鉄道が東北本線小牛田〜石巻間に開業したのが始まり。仙北軽便鉄道は1919（大正8）年に国有化され仙北軽便線と改称された。翌1920（大正9）年には軌間が1067mmに改軌された。路線名も石巻軽便線（大正10年）→石巻線（大正11年）と変遷した。

　石巻線が女川まで延伸されたのは1939（昭和14）年10月7日のこと。石巻〜女川間17.0キロ（当時）が開業し、女川駅も同日開業した。

　東日本大震災被災以前の女川駅は頭端式ホーム1面2線を有する駅で、北側が1番線、南側が2番線となっていた。1番線の外側には当駅と女川港駅を結ぶ貨物支線が延びていて、1980（昭和55）年8月1日に廃止されるまで使用された。2番線側には機回し線が敷設されており、2009（平成21）年には「仙台・宮城デスティネーションキャンペーン」のプレイベントとして運転された「ＳＬホエール号」の蒸気機関車Ｃ11形の付け替えにも使用された。

　女川駅旧駅舎は、1939年の開業時に建築されたもので、平屋建てながら天井の高い、女川の玄関口にふさわしい佇まいを見せていた。

　2006（平成18）年4月には、町営温泉施設の「女川温泉ゆぽっぽ」が駅舎隣にオープン。2番線と湯ぽっぽの間にキハ40形気動車が置かれ、湯ぽっぽの待合室として使われていた。

　震災からの復旧で新設された現在の女川駅は、旧駅舎より約200m内陸部に移動し、単式ホーム1面1線のコンパクトなホームを持つ駅に生まれ変わった。設計は建築家の坂茂氏が担当。白い大きな屋根は羽ばたくウミネコをイメージし、復興のシンボルとなっている。旧駅に隣接していた女川温泉ゆぽっぽも、女川駅とともに移転し駅舎に併設された。駅舎は3階建てで、1階が駅、2階が温泉施設、3階が展望フロアとなっている。

　2016（平成28）年8月6日からは、石巻から仙石線、東北本線を経由して仙台に至る「仙石東北ライン」のＨＢ－Ｅ210系ハイブリッド気動車が女川駅にも乗入れ、運転を開始した。これにより、女川駅から小牛田駅を経由せずに仙台駅までのりかえなしの直通運転（毎日運転の臨時快速列車）が実現した。

C11 175が女川港貨物支線から逆向きで到着。【昭和48年10月18日】

キハ17が運用されていた昭和40年代には、列車も5両ないし6両編成と長かった。【昭和48年10月18日】

出発を待つキハユニ26とキハ17の横で、C11 175が煙をあげて休憩。[昭和48年10月18日]

国鉄 気仙沼線 本吉駅（もとよし）

BRTの駅に変わったかつての気仙沼線終着駅

　本吉駅は宮城県気仙沼市本吉町津谷松尾に所在する気仙沼線の駅。気仙沼線が全線開通する1977（昭和52）年までは、当駅が気仙沼線の終着駅だった。

　気仙沼線は1957（昭和32）年、前年に開業していた大船渡線の貨物支線（気仙沼～南気仙沼～気仙沼港）の南気仙沼駅に接続するかたちで、2月11日に南気仙沼～本吉間を開業し、本吉駅を開業。貨物支線を気仙沼線に編入した。これにより本吉駅は気仙沼線の終着駅となった。いっぽう、石巻線の前谷地駅から柳津に至る17.5キロが1968（昭和43）年に開業し、柳津線となった。気仙沼線の本吉と柳津線の柳津間をつなぐための工事はその後も続き、1977（昭和52）年12月11日、柳津～本吉間の34.0キロが開通。前谷地～気仙沼間を気仙沼線に改称し、本吉駅は全通した気仙沼線の中間駅となった。

　開業から気仙沼線全通までの本吉駅は、単式ホーム1面1線に側線を1本だけ有する質素な駅で、周囲は民家もまばらな、典型的な地方ローカル線の駅だった。

　2011（平成23）年3月11日に発生した東日本大震災で、気仙沼線は全線にわたり甚大な被害を被った。本吉駅は高台に位置していたため津波は到達せず、大きな被害はなかったが、前後の区間は駅の流失や路盤・築堤が流失するなどして壊滅的な損害を被り全線不通となった。同年4月29日には前谷地～柳津間が復旧したものの、残る区間はBRT（バス高速輸送システム）での仮復旧のかたちで2012（平成24）年8月20より運行を開始した。当初BRTは鉄道復旧までの暫定策という位置づけだったが、気仙沼線と、同じく津波被害を受けた大船渡線の合計復旧費用が1100億円と見込まれていることから、JR東日本は鉄道による復旧を断念し、BRTを「本格復旧」と位置づけて継続運行することを沿線自治体に提案。2016（平成28）年3月までに気仙沼市、登米市、南三陸町が合意し、鉄道による復旧が正式に断念され、気仙沼線はBRTによる路線として運行されることになった。本吉駅でも2013（平成25）年に2面2線のバス専用ホームが駅舎横に完成し、当駅～小金沢間の専用道の供用を開始した。

終着駅時代の本吉駅 [昭和48年10月17日]

国鉄時代のホームは単式1面1線だったが、
島式ホームへの移行も考慮されていた。
[昭和48年10月17日]

駅舎の前の緩やかな斜面で何を植えるのか一所懸命畑を耕す人。[昭和48年10月1日]

国鉄
東北本線
利府支線

利府駅（りふ）

開業時は東北本線の駅だった利府支線の終着駅

　利府駅は宮城県宮城郡利府町森郷字柱田に所在する東北本線利府支線の終着駅。かつては東北本線の中間駅だった。

　利府線はもともと、東北本線の岩切〜一関が1890（明治23）年に開業した際のルートの一部であり、東北本線は岩切から旧松島を経て品井沼に至っていた。しかしこの区間には最大16.7‰（パーミル）の勾配があり、列車の遅れや運休の要因にもなっていた。そのため既存路線の勾配緩和ルートとして、陸前山王〜品井沼間を1944（昭和19）年11月15日に開業。すでに開業していた塩竈線の岩切〜陸前山王間とともに東北本線に編入した。これにより東北本線には新線（通称海線）と既存線（山線）の2つのルートが併存するようになった。

　戦後は沿線人口も多く、松島などの観光地にも近い海線側がメインルートとなり、さらに海線の複線化が進むと両ルート併存の意味が薄れ、山線が廃止されることになり、1962（昭和37）年に旧松島〜利府間が廃止された。

　利府駅周辺には代替となる駅がなかったため、岩切〜利府間は存続となり、東北本線の支線となった。これにより利府駅は、同年7月1日から利府支線の終着駅となっている。

　支線化される以前、中間駅時代の利府駅は単式ホーム1面1線の棒線駅だったが、本線に付随する広い構内と多くの側線を有し、当時、仙台運転所所属列車の留置線として使われていた。また構内にはEF71、ED78、ED77、ED91、ED75、ED71、DD15が保存されていたが、DD15以外の電気機関車はのちに新幹線総合車両センターに移送され静態保存されている。また、利府駅北の廃線跡を利用して造られた森郷児童公園にも、ED91とC58が展示されている。

　本線時代の駅舎は入母屋屋根を持つレトロな木造駅舎で、支線転換後もそのまま使用され続け、1986（昭和61）年11月に、モダンな鉄筋平屋建ての現駅舎に改築され、ホームも頭端式2面2線のものに改良された。駅舎は西側の1番線ホーム側に接しているため、列車の発着は主に1番線が利用される。

　1982（昭和57）年の東北新幹線開業に際し、利府支線の西側に仙台第一新幹線運転所（現・新幹線総合車両センター）が新設され、関係者の通勤のために、同年4月1日に新利府駅が開業した。新幹線総合車両センターの新幹線車両は利府線を走る列車からも見ることができる。右上の写真の黄色い新幹線は925形新幹線電気軌道総合試験車で、2001（平成13）年まで東北新幹線の保守点検に活躍した。

利府駅近くに開設された新幹線総合車両センター。925形電気軌道総合試験車が見える。[昭和61年9月]

仙台運転所の広い構内には特急「ひばり」用485系がポツンと停まっていた。[昭和54年12月19日]

夜の帳が降りた駅には自転車が1台、持ち主の帰りを待っていた。【昭和49年9月30日】

丸森駅
まるもり

国鉄丸森線

猫のまち丸森にあるかつての終着駅

　丸森駅は宮城県伊具郡丸森町に所在し、かつての国鉄丸森線の終着駅だった。丸森線廃止により第三セクター鉄道の阿武隈急行線に移行され、その後路線が延伸したことで現在は中間駅となっている。

　丸森線は、戦後輸送量が急増した東北本線のバイパスルートとして計画された。東北本線の福島〜槻木間の54.9キロを結ぶルートが採用され、1964（昭和39）年に宮城県側の槻木〜丸森間で工事に着手。1966（昭和41）年には福島県側の福島〜丸森間も着工された。1968（昭和43）年4月1日には槻木〜丸森間が丸森線として開業し、丸森駅も終着駅として開業した。

　しかしこの間、東北本線では複線化と電化が着々と進み、輸送力増強が図られたため、丸森線の当初の目的である東北本線のバイパスとしての意義が薄れたため、丸森線の残り区間の開業は見送られることになった。

　非電化の盲腸線となってしまった丸森線は、その敷設ルートも市街地から離れていたことなども災いし乗客数が低迷。開業からわずか13年後の1981（昭和56）年には第1次特定地方交通線として承認され、ほとんど路盤の完成していた建設線も工事が凍結された。

　廃止承認を受けて、福島・宮城両県は丸森線の既開業区間と工事区間を引き継ぐ第三セクター鉄道「阿武隈急行株式会社」を設立。1986（昭和61）年7月1日に国鉄丸森線が廃止され、同日より阿武隈急行線に転換。営業を開始した。三セク移行時点では丸森〜福島間は未開通で工事が続けられていたが、2年後の1988（昭和63）年7月1日に延伸開通を果たし、槻木〜福島間が全線開業。丸森駅は阿武隈急行線の中間駅となった。また全線開業を機に交流電化も完了し、東北本線郡山駅までの直通運転（郡山〜富野間）も開始した。

　丸森駅は島式ホーム1面2線を有する列車交換可能な駅で、駅舎とホームは構内踏切によって連絡する。また駅舎南側には上り本線から分岐するかたちで、保守用車両の基地線が敷設されている。駅舎は国鉄時代の陸屋根平屋建ての駅舎が阿武隈急行移管以降も使われていて、駅舎の南隣には1968年の丸森線開通時に建立された記念碑が今も残っている。丸森駅の売店には、「まる」ちゃんと「もり」ちゃんという2匹の猫駅長がいたが、2016（平成28）年3月末で売店が閉鎖されたため、現在は会うことはできない。

放し飼いのヤギがのんびりと草を食んでいる駅前。[昭和49年9月30日]

出発を待つキハ55 113。古き良き非電化時代の1コマ。[昭和56年6月17日]

国鉄丸森線時代には1日6往復の運転しかなかった丸森駅。次の列車まで5時間待ちということもあった。
[昭和48年9月30日]

左沢駅
あてらざわ

国鉄 左沢線

途中の「寒河江（さがえ）」駅とともに難読駅として有名な「左沢」駅。[昭和48年8月4日]

折返し列車の到着を待つ沢山の乗客。[昭和48年8月4日]

かつては転車台もあった左沢線の終着駅

　左沢駅は山形県西村山郡左沢町（現・大江町）に所在する左沢線の終着駅。難読駅名としても知られる。

　左沢線は奥羽本線北山形駅から分岐し左沢駅に至る、路線距離24.3キロの鉄道路線。「フルーツライン左沢線」の愛称が付けられている。左沢線が開業したのは1921（大正10）年のこと。左沢軽便線として山形〜羽前長崎間がまず開業し、翌1922（大正11）年4月23日には左沢までの全線が開通し、左沢も終着駅として開業した。同年9月2日には左沢線と改称した。

　左沢駅は単式ホーム1面1線を有する地上駅。国鉄時代には貨物輸送も行なっていたため、3本の側線が設けられ、終端側には転車台も設置されていた。またホーム西端には小さいながら貨物ヤードもあり、終端側から貨物線が引き込まれていた。国鉄時代の駅舎は、開業時に建てられた切妻屋根の木造平屋建てで、駅玄関横には売店も併設されていた。

　左沢駅が現在の姿になったのは、ＪＲ移管後のこと。2001（平成13）年7月より始まった寒河江駅の移転工事にともない、羽前長崎〜左沢間がバス代行に切り替えられ、左沢駅への列車発着が休止されている期間に建築が進められ、翌2002（平成14）年2月16日に列車の運転が再開されたのにともなって供用を開始した。

　現在の左沢駅は、2003（平成15）年3月にオープンした大江町交流ステーションとの合築で、駅前ロータリーから見て手前が左沢駅。奥の尖塔形の屋根を持つ部分が交流ステーションとなっている。交流ステーションには物産・情報コーナーで大江町の特産品が販売され、中央の吹き抜け部分には、毎年9月に開催される秋まつりで実際に使われる、2つの「獅子踊」2台の「囃子屋台」などを展示し、祭りの様子を再現している。

　左沢線の起点駅は北山形駅となっているが、寒河江〜左沢間の区間列車をのぞくすべての列車が山形駅発着となっている。

キハ17とキハ20混結の列車が左沢駅に到着。降り立った乗客が改札に向かう。生き生きとした駅の風景。
[昭和48年8月4日]

山形交通三山線 間沢駅(まざわ)

出羽三山の玄関口として参詣客で賑わった終着駅

間沢駅は、かつて山形県西村山郡西川町に所在した山形交通三山線(さんざんせん)の終着駅。三山線の廃止に伴い、1974(昭和49)年11月18日に廃駅となった。

間沢駅があった西川町とその周辺には、永松鉱山、睦合鉱山、三治鉱山など多くの鉱山が点在し、金・銀・銅・鉛・亜鉛などの鉱石が採掘されていた。三山線はそうした沿線の鉱山からの貨物輸送を目的に、1926(大正15)年12月23日に三山電気鉄道として誕生した。路線は左沢線羽前高松駅から分岐し、開業時は海味(かいしゅう)駅までの8.8キロだったが1928(昭和3)年9月17日、海味駅から間沢駅まで延長し、間沢駅が終着駅として開業した。

三山電気鉄道の「三山」は、月山、羽黒山、湯殿山の「出羽三山」から命名された。

寒河江川水系の水力発電による豊富な電力をバックに、三山電気鉄道は当初から電車で運転されていたが、電気機関車は在籍せず、貨物は電車に貨車を連結した混合列車で運ばれた。1943(昭和18)年には戦時統合により高畠鉄道、尾花沢鉄道、および山形県内陸部のバス会社を合併し、山形交通に社名を変更。同年10月1日より山形交通三山線となった。

山形交通時代の間沢駅は鉄筋コンクリート2階建ての大きな駅舎を有し、構内は旅客用の単式ホーム1面1線のほか、複数の側線が敷設されて貨物用の倉庫や積み降ろし場も設置されていた。また駅舎上り方(羽前高松方向)には車両基地の車庫も併設し、広い構内を有していた。

三山線の旅客は沿線の通勤・通学客がその大半だったが、出羽三山への参詣客も多かった。また春〜夏にかけては、月山で夏スキーを楽しむスキー客も三山線を利用した。

戦後の昭和40年代前半までが三山線の絶頂期で、1966(昭和41)年度の輸送人員は180万人を超えた。しかし昭和40年代後半に入るとモータリゼーションの進化で旅客数が急激に減少。貨物輸送も、沿線の鉱山が相次いで閉山し落ち込んでいった。

こうした状況から山形交通は三山線の廃止を決定。1974(昭和49)年11月15日をもって営業運転を終え、同月18日に三山線全線を廃止し、間沢駅も廃駅となった。

廃線後しばらくの間、間沢駅の駅舎は廃線前から駅舎を使用していた山形交通三山営業所として存続していたが、その後取り壊されて駅や線路の遺構は何も残っていない。

ACCESS
駅遺構は残っていない
山形県西村山郡西川町間沢59
路線バス:寒河江BT ➡ 間沢待合所(山交バス)
駅レンタカー:山形駅から約40分

紅花の群落だろうか。一面黄色の花畑を走る。[昭和48年8月4日]

夏スキーで有名な月山に最寄りの駅だった間沢駅。イベントに「レインボーマン」が現れるらしい。
[昭和48年8月4日]

廃止前年でも賑わいを見せていた間沢駅。写真のモハ110形は、三山線廃止後高松琴平電鉄に譲渡された。
[昭和48年8月4日]

国鉄長井線

荒砥駅
あらと

山形置賜地方の小さな終着駅

　荒砥駅は、山形県西置賜郡白鷹町大字荒砥に所在するかつての国鉄長井線の終着駅。長井線の廃止と、それにともなう第三セクター鉄道山形鉄道への移管により、現在は山形鉄道フラワー長井線の終着駅となっている。

　国鉄長井線は、1913（大正2）年に赤湯〜梨郷間に長井軽便線が開業したことに始まる。翌1914（大正3）年には梨郷〜長井間が延伸開業した。その後も延伸工事は続けられ、軽便鉄道法廃止により長井線と改称した翌1923（大正12）年には荒砥までの全線が開業。荒砥駅が終着駅として開業した。

　国鉄長井線と荒砥駅は、全線開業後は沿線住民の日常の足として通勤・通学に利用され、また戦前から東京芝浦電気（現・東芝）を誘致するなど製造業が盛んな長井市を中心に貨物輸送にも大きな役割を果たした。

　しかし昭和40年代に入ると、モータリゼーションの進化により旅客数が漸減。物流もトラック輸送にシフトしていった。1981（昭和56）年から翌年にかけ長井線は荒砥〜今泉間の貨物営業を順次廃止した。

　1986（昭和61）年には第3次特定地方交通線として廃止承認を受けることになり、JR東日本に承継された翌年の1988（昭和63）年10月25日に長井線は廃止され、同日山形鉄道に移管。フラワー長井線が開業した。

　国鉄時代の荒砥駅は、単式ホーム1面1線を有する地上駅で、本線の西側に2本の側線が敷設され、終端方には蒸気機関車時代の名残である給水タンクと転車台が残っていた。また旅客ホームの南側は半島式状に切り欠かれ、2本の貨物側線が駅舎に向かって延びていた。

　駅舎は木造平屋建ての古い建物で、この駅舎は三セク移行後もしばらく使われた。

　山形鉄道移管後の荒砥駅は、貨物側線が取り払われて、積み降ろし場があった場所は駐車場になっている。また側線も1本のみとなり、側線の終端側には車両基地が新設され、YR-880形気動車が所属している。

　現在の荒砥駅は2003（平成15）年4月にリニューアルオープンしたもので、「東北の駅百選」に選定された。

　2013（平成25）年8月3日には、米坂線米沢駅からフラワー長井線に直通し荒砥駅までの区間を、臨時団体列車「置賜味めぐり号」が運転された。

いかにもローカル線の趣のある駅舎。赤帽子の電話ボックスが昭和を象徴している。[昭和54年10月19日]

貨車1両がのんびりと側線に留置中。[昭和48年8月4日]

駅長の出発合図も過去の風景になりつつある。[昭和48年8月4日]

湯野浜温泉駅

庄内交通 湯野浜線

ゆのはまおんせん

モータリゼーションの波に消えた庄内の小さな鉄道と終着駅

湯野浜温泉駅は、かつて山形県鶴岡市湯野浜にあった庄内交通湯野浜線の終着駅。湯野浜線の廃止に伴い、湯野浜温泉駅も廃駅となった。

庄内交通湯野浜線は、羽越本線鶴岡～湯野浜温泉間12.2キロを結んでいた。最盛期には湯野浜温泉への観光客や、曹洞宗三大祈祷所である善寶寺への参拝客で活況を呈し、庄内米をはじめとする農産物等の貨物輸送も行なっていた。

湯野浜線は1929（昭和4）年12月8日に鶴岡～湯野浜温泉間が庄内電気鉄道によって開通。湯野浜温泉駅は仮駅での開業だった。翌1930（昭和5）年には仮駅から少し延伸した場所に湯野浜温泉駅を開業した。1934（昭和9）年5月には庄内電気鉄道が庄内電鉄に社名変更。太平洋戦争中の戦時統合により、庄内電鉄が庄内交通に合併したのは1943（昭和18）年10月1日のことだった。

湯野浜線の旅客数がピークに達したのは1963（昭和38）年度で、191万6千人の記録がある。しかしその後は減少し、1970（昭和45）年度にはピーク時の半分以下の93万1千人に激減した。モータリゼーションの普及により人々の交通手段が鉄道から自家用車などの自動車に移り、沿線に観光地を持つ湯

ACCESS
湯野浜振興センター「コスパ」
山形県鶴岡市湯野浜町
路線バス：鶴岡駅前 ➡ 湯野浜温泉（庄内交通）
駅レンタカー：鶴岡駅から約25分

野浜線も、その波にはあらがえなかった。また貨物輸送も物流が鉄道からトラック輸送にシフトしていったことで、湯野浜線の貨物扱い量も1970年にはピーク時の4分の1以下にまで落ち込んでいた。

こうした状況により、庄内交通は湯野浜線の廃止を決定。1975（昭和50）年4月1日に全線が廃止され、湯野浜温泉駅も45年間の歴史に幕を下ろした。

湯野浜温泉駅は、島式ホーム1面2線を有する地上駅で、本線の東側（山側）には貨物側線も敷設されていた。

湯野浜線廃止後の駅舎は解体撤去され、駅跡地には現在、鶴岡市役所の施設である湯野浜振興センター「コスパ」が建てられている。また善宝寺駅跡近くから湯野浜温泉にかけては、線路跡の路盤がサイクリングロードに転用された。

善宝寺駅は廃止後、「善宝寺鉄道記念館」として湯野浜線の歴史を伝える資料館となり、旧ホームには車両（モハ3形）の保存展示も行なわれていたが、現在は「善宝寺鉄道記念館」は閉鎖されてしまった。

善宝寺～七窪間のカーブを走るデハ101。[昭和48年8月5日]

駅前に行商のリヤカーが並び、何があるのか子ども達が群がる。[昭和48年8月5日]

島式2線の屋根付きの立派なホームに停車中のデハ101(元・東京急行電鉄デハ3258)。[昭和48年8月5日]

山形交通高畠線 高畠駅
たかはた

ACCESS
旧高畠駅公園（旧駅舎・車両静態保存）
山形県東置賜郡高畠町大字高畠1568－2
駅レンタカー：奥羽本線高畠駅から約15分
　　　　　　　米沢駅から約25分

小型のモハ1とモハ2、後方にＥＤ２が見える構内。[昭和48年8月4日]

地元特産の高畠石を使って初代駅長の長島氏が設計した総石造りの立派な駅舎。[昭和48年8月4日]

マッチ箱電車が今も保存される製糸業の町の終着駅

　山形交通高畠駅は、かつて山形県東置賜郡高畠町に所在した山形交通高畠線の終着駅。高畠線の廃止により、当駅も廃駅となった。

　高畠線は1922（大正11）年3月16日、高畠鉄道により糠ノ目（現・JRの高畠）〜高畠間が開業したことに始まる。同日、高畠駅も終着駅として開業した。高畠町では明治期より長谷川製糸や両羽製糸所ほか多くの製糸場が操業していた。1900（明治33）年4月には奥羽本線糠ノ目駅が開業したこともあり、高畠線は沿線の製紙工場などで生産される工業製品の輸送を目的に敷設された。1924（大正13）年8月31日には高畠〜二井宿間の5.4キロが延伸開業し、高畠駅は中間駅となった。この延伸により、二井宿地区にあった鉱山（二重坂・金原）の鉱石も高畠線によって輸送されるようになり、また沿線で生産される石材、木材、木炭、牛、乳製品、米や果物などの農産物も盛んに輸送された。1929（昭和4）年9月1日には全線電化を実行。のちに沿線住民から親しみを込めて「マッチ箱」と呼ばれた電車が高畠線を走った。1966（昭和41）年8月15日には水害により高畠〜二井宿間が運休。バス代行輸送に切り替えられ、結局この区間は1968（昭和43）年10月1日に廃止され、高畠駅は再び終着駅になった。

　高畠駅は単式ホーム1面1線と島式ホーム1面2線を持つ列車交換可能な駅で、駅舎西側（糠ノ目方）には貨物側線が敷設され、車庫なども設けられていた。高畠〜二井宿間の廃止後は、電車は駅舎側の単式ホームに発着し、島式ホーム側の線路は機回し線や留置線として使われた。駅舎は高畠町の名産である高畠石（瓜割石）を使って建設された石造り2階建ての立派な駅舎だった。

　1974（昭和49）年11月18日に全線を廃止した。

　廃止後の高畠駅は旧高畠駅公園として整備され、駅舎やホーム、車両が保存されている。

側線にほとんど使用されなかったハフ３が留置されていた。[昭和48年8月4日]

熱塩駅
あつしお

国鉄
日中線

ACCESS

「日中線記念館」
福島県喜多方市熱塩加納町熱塩
路線バス：喜多方駅前 ➡ 日中線記念館前
　　　　　（会津乗合自動車）
駅レンタカー：会津若松駅から約40分

晩年はＤＥ10が2両ほどの客車を牽いていた。[昭和56年6月10日]

機回し中のC11 80。[昭和48年8月3日]

日中は列車が走らなかった山間の終着駅

　熱塩駅は、福島県耶麻郡熱塩加納村（現・喜多方市熱塩加納町）にあった国鉄日中線の終着駅。日中線の廃線に伴い1984（昭和59）年に廃駅となった。

　日中線は1938（昭和13）年8月18日に喜多方〜熱塩間の11.6キロが開業、熱塩駅はその終着駅として開業した。日中線の線名は、熱塩駅から4kmほど北方にある日中温泉に由来する。日中線は、本州では最後まで定期旅客列車として蒸気機関車が客車を牽引する線区だった。また1974（昭和49）年蒸気機関車が廃止された後も、ディーゼル機関車による客車牽引が廃止まで続けられた。

　日中線は開業時から典型的な閑散ローカル線であり、末期には1日3往復（朝1往復、夕方2往復）が運転されるのみで、「日中は走らない日中線」「日中は走りま線」などと揶揄された。また熱塩加納村にあった与内畑鉱山（石膏）、加納鉱山（銀・銅）で採掘された鉱石の輸送を担う貨物線としての役割も担っていたが、両鉱山の減産や閉山によって貨物収入も激減した。

　こうした状況により1981（昭和56）年9月18日に日中線は第1次特定地方交通線として廃止承認され、1984（昭和59）年4月1日に全線（11.6キロ）を廃止。熱塩駅も廃止された。

　熱塩駅は単式ホーム1面1線に機回し用の側線1線と駅上り方（北方方向）に貨物線を有していた。終端方には転車台も設置されていたが、太平洋戦争中にはすでに使用不能だった。

　日中線廃止後の熱塩駅は、1985（昭和60）年より整備され、1987（昭和62）年より「日中線記念館」として公開されている。レールはすべて撤去されているが、北欧風の駅舎やホームは現存し、キ100ラッセル車とオハフ61客車が静態保存されている。

どうやら子ども達の遊び場になっていたようだ。[昭和48年8月3日]

福島交通
飯坂線

飯坂温泉駅
（いいざかおんせん）

温泉客を運び続けて90年 福島市の奥座敷にある終着駅

　飯坂温泉駅は、福島県福島市飯坂町に所在する福島交通飯坂線の終着駅。飯坂線は福島市北部にある飯坂温泉へのアクセス路線であると同時に、通勤・通学路線として沿線住民の日常の足となっている。

　飯坂線が開通したのは1924（大正13）年。福島飯坂電気軌道により4月13日に福島〜飯坂（現在の花水坂）間が開業した。開業当初より軌間1067mmの架空電車線方式で敷設され、同年10月には飯坂電車に社名を変更した。

　飯坂温泉駅まで延伸したのは1927（昭和2）年3月23日。花水坂〜当駅間が延伸開業し、飯坂温泉駅が終着駅となった。同年10月に飯坂電車は合併により福島電気鉄道に社名を変更した。1942（昭和17）年12月3日より福島〜森合（現在の美術館図書館前）間を経路変更し、国鉄福島駅に乗り入れを開始。1962（昭和37）年7月には福島電気鉄道から現在の社名である福島交通に変更した。

　飯坂温泉駅は奥州三名湯のひとつとも称される飯坂温泉の玄関口駅。1982（昭和57）年12月21日に駅移転が行なわれ、従来より100mほど花水坂駅側にホームを移設。旧駅ホーム跡地上部には新駅舎が建設された。移転以前の飯坂温泉駅は、島式と単式を組み合わせた2面2線のホームを有し、駅舎は開業時に建てられた木造2階建てで、2階部分が地平の道路と駅前広場に接するエントランスとなっていて、ホームのある1階には階段で連絡していた。

　移転後の駅構造は2面1線のホームとなり、降車ホームと乗車ホームに分けられた。地平面とホームは、移転前と同様に階段で連絡する構造で、地上階にエントランスと売店（コンビニエンスストア）、ホーム階に改札が設けられている。移転当初の駅舎はコンクリート陸屋根平屋建ての平凡な外見だったが、2010（平成22）年12月20日に駅舎が改装され、切妻屋根を持つ和風の落ち着いた外観となった。

　飯坂線は1991（平成3）年6月25日に架線電圧が750Vから1500Vに昇圧。同日より現在も使用されている7000系電車による運転を開始した。7000系電車は東急電鉄より譲り受けたもので、型式は東急時代の7000系をそのまま使用している。飯坂線では現在、6編成の7000系を運用しているが、2編成は非冷房車である。このため2016（平成28）年10月より東急から1000系を譲り受け、2019（平成31）年までに7000系から1000系に置き換える予定だ。置換えが完了すると、飯坂線の列車はすべて冷房車になる。

温泉客で混雑する雨の駅前。[昭和48年9月30日]

750Ｖ時代モハ5318形電車が飯坂温泉を発車し福島へ向かう。[昭和54年10月16日]

モハ5100形＋モハ1200形が初代駅舎の飯坂温泉駅に入線。摺上川ギリギリにホームがあった。
[昭和48年9月30日]

会津滝ノ原駅
あいづたきのはら

国鉄
会津線

現在は浅草行きの直通列車も走るかつての終着駅

　会津滝ノ原駅は、かつての国鉄会津線の終着駅。国鉄会津線の廃止にともない第三セクター鉄道の会津鉄道に移管され、現在は会津鉄道会津線の「会津高原尾瀬口駅」に駅名を変更されている。

　国鉄会津線は当初、1926（大正15）年10月15日に開通した会津若松〜会津坂下の区間を「会津線」と称していた。1927（昭和2）年に会津支線として西若松〜上三寄（現在の芦ノ牧温泉）間が、1932（昭和7）年に湯野上（現在の湯野上温泉）までが開通し、会津田島まで延伸開業したのが1934（昭和9）年12月27日だった。その後も会津支線は南下延伸工事が進められ、1953（昭和28）年11月8日に会津滝ノ原まで延伸開業。同日会津滝ノ原駅が終着駅として開業した。その後1971（昭和46）年に会津若松〜只見間が開通し、この区間を会津線から分離して只見線と改称した。これにより、西若松〜会津滝ノ原の区間が（支線ではない）会津線となった。しかしもともと沿線人口も少なく、モータリゼーションが進んだことで会津線の輸送実績は低迷。1984（昭和59）年6月22日に国鉄会津線は第2次特定地方交通線に指定された。これを受けて福島県や会津若松市などが中心となり、1986（昭和61）年11月10日に会津鉄道株式会社を設立。三セク移行への準備を開始した。その1カ月前の10月9日には野岩鉄道会津鬼怒川線が当駅まで開業し、会津滝ノ原駅は会津高原駅に改称した。

　野岩鉄道接続以前の会津滝ノ原駅は、島式ホーム1面2線のホームを有し、ホームと駅舎は構内踏切で連絡していた。また駅舎北側には貨物ホームと貨物側線が敷設され、本線東側の側線には蒸気機関車時代の給炭台や給水塔が残り、さらに終端側に進むと転車台も残されていた。

　側線や蒸気機関車関係の設備は野岩鉄道接続に際してそのほとんどが撤去されてしまい、現在は残っていない。また、駅舎は開業当時のものを使用しているが内外装ともに大幅に改装されて、国鉄時代の面影はほとんど感じられない。

　1987（昭和62）年4月1日に国鉄会津線は東日本旅客鉄道（JR東日本）に承継。同年7月16日にはJR会津線が会津鉄道に転換された。2006（平成18）年3月18日に駅名を「会津高原尾瀬口駅」に改称し現在に至っている。

　現・会津高原尾瀬口駅は、路線上は会津線および野岩鉄道会津鬼怒川線の終点となっているが、会津鉄道と野岩鉄道・東武鉄道が相互乗入れで直通列車を運転しているため、かつてのような"行き止まり"の駅ではなくなっている。

長編成のため、乗降扉がホーム端ギリギリにかかって停車。［昭和48年6月17日］

機回し線の向こうは線路が草に埋もれていたが、ずっと奥まで延びていた。［昭和48年6月17日］

霧雨に煙る奥会津。山深い夜のしじまにひっそりと佇むホームと駅舎。[昭和48年6月17日]

《著者プロフィール（写真）》

安田就視 Yasuda Narumi

写真家。志木市美術協会会員。1931年2月、香川県生まれ。日本画家の父につき、日本画、漫画を習う。高松市で漆器の蒔絵を描き、彫刻を習う。のど自慢の優勝で芸能界に入り、歌手として主に西日本を巡業。テレビ番組にも出演。その後カメラマンになり大自然の風景に魅せられ、漂泊の旅に出る。そして消えゆく昭和の鉄道、SL、私鉄など全線をオールカラーで撮影。そのほか四季の風景、風俗、日本の祭り、学参物、伝統工芸など、大判カメラで撮影。

おもな写真集に『日本の蒸気機関車』東・西日本編（東京新聞社）、『特別急行列車の旅』（毎日新聞社）、『NIPPON』（チャールズ・イー・タトル出版社）、『関東・中部写真の旅』（人文社）、電子書籍写真集美しい東北Ⅰ・Ⅱ（PHP研究所）他多数。展覧会では、『名所江戸百景　今昔』展（於：上野松坂屋）、『東海道五十三次今昔』展（NHK主催）などがある。屋島なるみとして2014年9月懐かしい昭和の名曲集　〜高原列車は行く〜を83歳にして日本コロンビアよりCDデビュー。映像は全て本人撮影写真使用。近刊に『昭和の終着駅 関東篇』『昭和の終着駅 関西編』『汽車のあった風景東日本篇』『汽車のあった風景西日本篇』（小社刊）がある。

DJ鉄ぶらブックス015
昭和の終着駅 東北篇
2016年9月30日　初版発行

著　者	：安田就視
発行人	：江頭　誠
発行所	：株式会社交通新聞社
	〒101-0062　東京都千代田区神田駿河台2-3-11　NBF御茶ノ水ビル
	☎ 03-6831-6561（編集部）・03-6831-6622（販売部）
編集協力	：石川純久（文）・松倉広幸
本文DTP	：朝日メディアインターナショナル株式会社
印刷・製本	：大日本印刷株式会社（定価はカバーに表示してあります）

©Yasuda Narumi2016　ISBN978-4-330-72016-6
落丁・乱丁本はお取り替えいたします。ご購入書店名を明記のうえ、小社販売部宛てに直接お送りください。
送料は小社で負担いたします。